Hildegard Marcus

Baum und Mensch

.

Hildegard Marcus

Baum und Mensch

LEBENSSYMBOLE ZWISCHEN NATUR, GESTALT UND GEIST

Bibliografische Information Der Deutschen Bibliothek

Die Deutsche Bibliothek verzeichnet diese Publikation
in der Deutschen Nationalbibliografie;
detaillierte bibliografische Daten sind im Internet über
http://dnb.ddb.de abrufbar.

ISBN 3-7462-1653-2

© 2004, St. Benno-Verlag GmbH
Stammerstr. 11, 04159 Leipzig
www.st-benno.de
Umschlaggestaltung: Ulrike Vetter, unter Verwendung eines Bildes
von Anton Kaiser, Kunstverlag Weingarten
Gesamtherstellung: Kontext, Lemsel

INHALTSÜBERSICHT

EINLEITUNG UND ÜBERBLICK

„... Noch eh' der Tau vom Auge brach,
Vorm Fenster ein Baum im Reif:
Wie knospet Gold durch Wasser.
Herz begreif!"

Konrad Weiß

Der Baum gehört zu den Urbildern unserer Welt, er ist eine Uroffen-
barung. Bilder und vor allem Urbilder sagen mehr als Worte und For-
meln, sie erreichen unsere innersten Lebenswirklichkeiten.

Bilder werden mit den Augen wahrgenommen. Das menschliche
Auge liebt es zu schauen. Das Auge wendet sich stets zur Gestalt eines
Dinges. Du nimmst einen Baum wahr, vielleicht weil dir gerade spontan seine Schönheit „ins Auge" fällt, was besagt, du nimmst ihn in der
Ganzheit seiner Erscheinung wahr. Erst in einem weiteren Schritt,
auf den zweiten Blick hin, achtest du dann auf Besonderheiten, auf
Farben, Maßverhältnisse, Zuordnungen etc. und du spürst hin zu
einem Sinn seines ganzen Bildes. Wir Menschen können zwar Man-
ches theoretisch erklären, doch um sich Gesehenes geistig zu Eigen zu
machen, bedarf es eines persönlichen, sinnlich-wachen, inneren Erfahrens, eines Nach-Sinnens. Der Mensch ist mit dem konkreten Körper und durch Geist und Seele mit dem Universum, das heißt, mit
Gott und der Welt verbunden.

Anhand von ausgewählten Bildern wird hier Bekanntes und Unbe-
kanntes über die Sinn-Bilder „Baum" und „Mensch" erzählt und vorgestellt.

Der Baum verkörpert eine lebendige Einheit von Wurzel, Stamm
und Krone. Er besitzt ein solch komplexes Bildvolumen, dass wir
berechtigt von ihm nicht nur als von einem Urbild, sondern auch als
von einem Sinn-Bild sprechen dürfen. Sinn-Bild ist ein anderes Wort
für Symbol, denn ein Symbol bezeugt sich darin, dass sich in ihm
Gestalt und Geist, Äußeres und Inneres, in *einem* Bild verbindet. Gemäß dem griechischen Wort symballein = zusammenwerfen, treffen
und fallen in einem Symbol in ein Ganzes zusammen – wie in einer

7

Doppelnatur –, was sonst getrennt ist. Gestalt ersteht aus der Einheit von Form und Sinn. Im Erkennen einer Gestalt verbinden sich Natur und Geist. Die Gestalt ist das Verbindende zwischen Natur und Geist. Natur und Geist fallen zusammen in der Gestalt als Symbol.

Symbole verbinden Sichtbares mit Unsichtbarem, Sinnliches mit Geistigem, Konkretes mit Abstraktem, Natürliches mit Übernatürlichem, Endliches mit Unendlichem, Zeitliches mit Ewigem. Symbole sind nur ganzheitlich zu verstehen. Sie erregen Ahnungen und sind unerschöpflich. Für ein kreatives Erkennen, Verstehen und Deuten unserer vielschichtigen Wirklichkeit sind sie unentbehrlich, denn jedes Wesen übersteigt seine sichtbare Gestalt.

Indem ich dieses Zusammenfallen, Zusammenwerfen *tue, sehe und begreife,* entsteht für mich ein Symbol, öffnet sich mir der Bereich des Symbolischen. Durch mein Verbinden gibt das Symbol seinen Energiekern frei, und dieser wiederum befreit, stärkt, bestärkt und erquickt mich; denn die sichtbaren Symbole offenbaren die Sprache der seelisch-geistigen Welt. Symbole sind zwar mehrdeutig, ambivalent, aber für das spezielle Erleben des Eingeweihten ist ein Symbol von verklärender Eindeutigkeit. Wie ein gedeuteter Traum beglückt und bestärkt, bereichert und befreit ein bewusst-gewordenes Symbol. „Wir leben nicht nur in einer Welt von Symbolen: Eine Welt von Symbolen lebt in uns." (J. Chevalier) Auch der Mensch ist ein Symbol, ist ein Gefüge aus Natur, Gestalt und Geist.

„Das Symbol schwebt über dem Geheimnis", sagt der Dichter Paul Celan, und in solcher Bestimmung verbleibt das Symbol im schützenden Raum des Geheimnisses, d. h., es ist rein wissenschaftlich nicht definierbar, es weist hinaus in eine größere Welt.

Im Baum können wir Menschen uns zwar als lebendig gewachsene Einheit von Wurzel, Stamm und Krone wiedererkennen; aber der Mensch ist mehr! Ihn kennzeichnet eine allein ihm vorbehaltene Qualität, nämlich seine Fähigkeit zu geistiger Bewusstheit. Der Mensch kann im Unterschied zu Tier und Pflanze wissen, was er ist, wer er ist, wie er ist und – vielleicht – wozu er so da ist. Als geistbeseelter Körper übersteigt er sich, braucht er und verlangt er nach Kunst, Wissenschaft und Religion.

Der Mensch vermag sich selbst in seiner hochaufgerichteten Gestalt wahrzunehmen als ein Symbol, als ein Sinn-Bild von Aufrechtheit und Aufrichtigkeit und als ein Zeichen von übereinstimmenden äußeren und inneren Seinsqualitäten. Je wacher und bewusster der ein-zelne Mensch darauf achtet, umso kräftiger entbirgt sich ihm der dem Symbol innewohnende Energiekern. –

Der Mensch verwirklicht sich individuell, sei es durch Erbanlagen, Erziehung und mancherlei andere Einwirkungen, durch Ortsveränderungen, Entscheidungen, Schicksalsfügungen und Wandlungen, während der einzelne Baum verbleiben muss in seiner Art und in seinem jeweiligen Umfeld-Standort.

Gerade in der „unheimlichen Entwicklung unseres Zeitalters und des ganzen Menschentums" (Heidegger) und den daraus sich ergebenden Orientierungsnöten ist es hilfreich, sich der archetypischen Bilder und der Symbole zu vergewissern, um sich im menschlichen Tiefe- und Höhe-Sein besser verstehen zu lernen.

Schließlich möge das „Bild" des Baumes und des Menschen vor uns stehen wie eine Landkarte zur Orientierung in Lebensvollzügen. Es zeige den Zusammenhang auf zwischen natürlichem Wurzelgrund und höchster geistiger Entfaltung im Zwischenbereich von Biologie, Kosmologie, von Kunst, Wissenschaft und religiöser Weisheit. Das Sinn-Bild „Baum" vermittelt Einblicke in die verborgenen Gesetze und Geheimnisse des physischen Lebens und – analog – dann auch des psychisch-geistigen Lebens und Erwachsenwerdens. Über die Brücke der Symbolik ist es dem Menschen, auch im Zeitalter der Naturwissenschaften, möglich, ein geistig-seelisch lebendiges und religiös-existentielles Leben zu führen.

Auf dem Büchermarkt kursieren viele Abhandlungen und Betrachtungen zum Thema Baum. Auf dem Grunde seiner vielfältigen, uns in Europa noch alltäglich begegnenden, natürlichen Schönheit und seiner Bedeutung im weiten Feld von volkstümlichem Brauchtum, Kunst, Naturwissenschaft und Religion hat der Baum solche Beachtung wahrlich verdient.

Diese Arbeit lässt sich von folgenden Gedanken leiten:

1. Durchgängig wird vertraut gemacht mit der Symbolik des Baumes. Der symbolische Blick auf den Baum lässt genauer hinschauen auf die Gestalt seiner Erscheinung aus Wurzel, Stamm und Krone und eröffnet damit ein Verstehen von alten und neuen Bedeutungsschichten, von Lebenszusammenhängen und Verwandtschaften.

2. Das Kapitel „Baum und Mensch im Mythos" greift zurück auf die mythischen Urgründe des „Zwischen Erde und Himmel-Stehens" von Baum und Mensch und fundiert diese Polarität in einem ganzheitlichen Lebensaspekt.

3. Der Baum zeigt als natürliches Schaubild, wie Leben als Durchströmung funktioniert. Wasser und Lichtenergien durchströmen ihn aufwärts und abwärts. Die moderne Medizin und besonders die Hirnforschung fasst diese ganzheitliche Durchströmung generell unter das Motto: Alles Leben ist vernetzt! Alles ist verzweigt! (F. Cramer, H. P. Dürr) Die Energien des Lebens umfassen Natur und Geist.

4. Das Phänomen „Baum" zeigt Wandlungen und Variationen auf. Stichworte dazu sind: Die Säule als stilisierter Baum (Kap. V), Säulen, Säulenkapitelle und Kreuzgänge als steingewordene Baum- und Wald-Erinnerungen; der Sefiroth-Baum als esoterisch-mystische Gottesvorstellung (Kap. VI); alte und moderne Säulen-Architekturen.

5. Als symbolträchtige Besonderheit wird der biblische „Lebensbaum" vorgestellt. Er steht – paradiesisch – am Anfang und am Ende der Geschichte Gottes mit den Menschen: als Allbaum, als Weltachse, als Himmelsleiter, als Baum Jesse, dann als Leidensbaum und schließlich als Siegessäule und Siegespalme. Der „Lebensbaum" ist d a s Symbol für ein in der Weltschöpfung wurzelndes, leben- und geistdurchströmtes, menschliches Dasein. Jesus Christus erscheint in der Geheimen Offenbarung des Johannes als der endzeitliche Lebensbaum (Offb 22).

6. Aktuell stehen Baum und Mensch in einer lebensbedrohenden Umwelt. Vielfältige elektrisch-magnetische und mobil-telephonische Strahlungen durchkreuzen die uns umgebende Atmosphäre mit radioaktiven, technisch-pulsierenden Stoßwellen, die unseren vitalen Strömungen und Eigenrhythmen von Blut und Atem zuwiderlaufen und diese verstören. Wir wissen aus der Kirlian-Photographie, dass jedes Lebewesen und vor allem Pflanzen, Bäume und Menschen eine mehr oder minder starke Ausstrahlung, eine Art Aura, besitzen. Wie sehr Natur und Mensch unter einer gefühllos-technisierten und industrialisierten Umwelt leiden, wird hinreichend dokumentiert durch das Sterben von Tierrassen, Pflanzen,

Bäumen und ganzer Wälder. Der Terminus „Waldsterben" steht für diese Entwicklung. Der Mensch hingegen besitzt vom Körper und vom Geist angespornte Möglichkeiten, sich zu wehren.

Aus all diesen z. T. aktuellen und existentiellen Besorgnissen heraus wird hier der „Baum" als d a s Hoffnungsbild unseres Menschseins vorgestellt.

Am Schluss aller Ausführungen möchten einfache Körperübungen einladen und anleiten (Kap. IX):

a) zu einem ganzheitlicheren Wahrnehmen von Bäumen,
b) zu einem starken, ganzheitlich durchströmten Körperbewusstsein (denn geistige Kraft hat durchaus Einfluss auf die Materie und umgekehrt), und
c) zu einer ganzheitlichen Baum-Meditation: als ein in Stille erlebbares, eigenes Lebensbild.

Im gärtnerischen Sich-Einpflanzen in seine Zeit und Welt bettet sich ein Mensch existentiell ein in die geheimnisvolle Lebens-Symbolik zwischen Natur, Gestalt und Geist, zwischen Baum, Mensch und Gott. Darunter entsteht – last not least – **eine ganzheitliche Theologie des Baumes.**
Der Baum ist das Hoffnungsbild unseres Menschseins.

> *„Gehen wir / und pflanzen wir jeder /*
> *einen BAUM DER HOFFNUNG /*
> *in unsere Welt."* (Silja Walter)

Anmerkung:
Meine Intention, den Baum und seine Symbolik für unser menschliches Lebensgefühl zu erschließen und fruchtbar werden zu lassen, fußt auf meiner Arbeit „Spiritualität und Körper – Gestaltfinden durch Ursymbole" (St. Benno-Verlag 1998 und 2000). In dem Buch von J. E. Behrendt „Es gibt keinen Weg nur gehen" ist das umfangreichste Kapitel mit „Bäume und Menschen" überschrieben. Es enthält 40 faszinierende Variationen zu diesem Thema. Die Gesichtspunkte meiner Arbeit sind nicht darunter, doch verbindet uns ein schöpfungsfrommes, meditatives Grundanliegen.

1 Natur und Mensch – Bäume und ihre Bedeutung für das menschliche Leben

„Wer möchte leben ohne den Trost der Bäume!" (Günther Eich)

Mit keinem anderen Gewächs der Natur fühlt sich der Mensch so verwandt wie mit dem Baum. Schon in den Bilderbüchern unserer Kinder zeigen Bäume knorrige, menschliche Gesichter. Der Baum verkörpert eine lebendige Einheit von Wurzel, Stamm und Krone. Er steht da auf eigenen Füßen im Kontakt mit Himmel und Erde.

Die Gestalt des Baumes ähnelt in der Tat der Gestalt des Menschen: er wurzelt in der Erde, er richtet sich senkrecht auf mit seinem Stamm wie der Mensch in seiner Wirbelsäule, und er breitet seine Kopfkrone aus rundum und weit in den Himmel hinein.

Bäume vermögen uns immer wieder in Staunen und Begeisterung zu versetzen wegen der Vielfalt ihrer „rühmlichen Gestaltungen" (R. M. Rilke).

Im wechselnden Gang der Jahreszeiten kündet der Baum von der Kontinuität des Lebens: er übersteht Winter- und Dürrezeiten. In seiner jährlichen Erneuerung im Frühling zeigt sich die scheinbar nie versiegende Lebenskraft der Natur. Ein Baum kann Generationen von Menschen überleben, er wird höher und älter als Menschen. In der Wüste zeigt ein Baum an, dass dort ein Ort des Lebens und Überlebens ist, eine Wasserquelle mit lebendigem Wasser! –

Gerade in ländlichen Gegenden pflanzt man gern einen Baum als bleibendes Zeichen der Freude über die glückliche Geburt eines Kindes. Er soll ein mitwachsender Gefährte sein auf dem Lebensweg, anvertraut der Obhut und Pflege wie das Kind. „Die Pflanze wird durch die Pflege aufgezogen, der Mensch durch die Erziehung", sagte J. J. Rousseau.

So gelten Bäume auf der ganzen Erde und wohl bei allen Völkern als sichtbares Zeichen für lebendiges Wachsen, für die durchhaltende Kraft des Lebens, des Friedens, des Gedenkens und des Schutzes vor Naturgewalten wie Sturm, Gewitter oder Sonnenhitze. Kühe versammeln sich gerne in ihrem Schatten, und ein afrikanisches Sprichwort hält sogar Bäume für bessere Freunde als Verwandte.

Die stille Eindringlichkeit, mit der die Gestalt eines Baumes sich unseres inneren Auges zu bemächtigen vermag, hat viele Künstler, Maler wie Musiker, Dichter und Denker dazu beflügelt, sich mit einem Baum zu identifizieren: z. B. im Volkslied „Am Brunnen vor dem Tore, da steht ein Lindenbaum…"

Hier ist auch zu erwähnen die einzeln stehende, weit sich ausbreitende Bavaria-Buche bei Pondorf in Oberbayern. Das bayrische Fernsehen zeigt sie als Emblem des Landes. Man schätzt ihr Alter auf 900 Jahre, sie ist 23 m hoch und mehr als 9 m dick, die Krone beträgt 30 m im Durchmesser, und vier Wasseradern kreuzen sich in ihrem Wurzelbereich.

Ein besonderes Baum-Dokument literarischer Art ist Mörikes Gedicht „Die schöne Buche" von 1842 (s. Anhang). Der kunstsinnige Religionsphilosoph Romano Guardini bekennt, dass dieses Gedicht für ihn zu den schönsten unserer Literatur gehöre. Im Nachsinnen wird ihm diese „schöne Buche" zum Baum schlechthin: „Das Ding, das in der Tiefe wurzelt, im Schoß der Erde, mit der Säule seines Stammes in die Höhe steigt, mit den Armen seiner Äste in Raum und Licht hinausgreift und eine kleine Welt herausformt, … das ist „ein Gleichnis des Daseins, wo Irdisches und Himmlisches zusammentreffen, wo die Herkunft aus dem Urbereich fühlbar wird. " –

Das Gedicht schildert die Begegnung eines feinsinnigen Dichters mit dem Naturgott Pan. Es geschieht in der Einsamkeit und inmitten eines sommerlichen Waldes, „angelehnt an den Stamm" „der schönen Buche", zur hohen Mittagsstunde, zur Stunde des mythischen Gottes Pan… – Mythische Götter erscheinen auch heute noch unter besonderen Voraussetzungen und Umständen, schemenhaft, zauberhaft-flüchtig-leicht. –

Hier in diesem Gedicht ist mehr als nur ein romantisches Gefühl, hier ist sowohl Mythologie als auch Mystik im Spiel. Geführt von „einem freundlichen Geist", ergriffen vom Zauber der Einsamkeit, erfährt der Dichter-Mensch die unberührte Waldesschönheit als göttlich-rein, ja, als Gottes Nähe: Angelehnt an den Baumstamm, d. h. in Einfühlung in die strömende Lebensaura eines Baumes, erfährt sich ein Mensch mystisch hineingenommen in einen „sonnigen Zaubergürtel" zwischen Erde und Himmel.

13

Natur und
Mensch –
Bäume und ihre
Bedeutung für das
menschliche Leben

Auch der Stuttgarter Dichter und Pfarrer Albrecht Goes verrät von sich: Er möchte leben „in der Nähe von großen Bäumen". Dies sei für ihn „eine Nähe zur Ewigkeit". Und der libanesische Dichter Kahlil Gibran vertraut uns an: „Bäume sind Gedichte, die die Erde in den Himmel schreibt."

Ähnliches wird auch von Buddha berichtet, dem, unter einem Pappelfeigenbaum sitzend, ein Erkenntnis-Erlebnis, eine spirituelle Erfahrung zuteil wurde und der so zu einem Buddha wurde. Ein Pappelfeigenbaum steht in allen buddhistischen Tempeln, er wird Bodhi-Baum (Baum der Erleuchtung) genannt.

In der Kathedrale von Otranto, einer süditalienischen Stadt Apuliens, befindet sich ein fast vollständig erhaltenes, riesiges, romanisches Boden-Mosaik (1163-1165), welches das ganze Kirchenschiff vom Eingang bis zum Hauptaltar ausfüllt. *In der Struktur eines Lebensbaumes wird hier eine Kulturgeschichte der Menschheit durchgezogen:* von den Wurzeln bei Adam und Eva im Eingangsbereich bis zur Entstehung des Universums in 16 Medaillons im Kronenbereich des Altares im Chor. In naiver Unbekümmertheit kommen nebeneinander allerlei heidnische, mythologisch-kosmische, gnostisch-astrale und christliche Elemente zur Darstellung, vom Satan als Henker mit einer Krone bis zum Minotaurus. All diese dunklen und hellen Partikel der Menschheitsgeschichte finden ihr Daseins-Ziel und ihre Erlösung in der Gott-Menschlichkeit Jesu Christi, der wusste, was im Menschen ist (Mt 22,18).

Das ZWISCHEN-ERDE-UND-HIMMEL-STEHEN verbindet Mensch und Baum.

„Der König der Oase", so sagt der Araber von der Palme, „taucht seine Füße ins Wasser und hebt sein Haupt in das Feuer des Himmels." Im poetischen Schauen wird der königliche Palmenbaum vermenschlicht und der aufrechte Mensch verbaumlicht und verköniglicht. Eines überbildet das Andere.

Manche Baum- und Waldanbeter erleben außergewöhnliche Hochgefühle, eine Art „Übersteigung" (Rilke) oder Religionsersatz in der Natur. Das Zwischen-Erde-und-Himmel-Stehen von Mensch und Baum wird zum religiösen Impuls. Ein Wald mit großartigen Bäumen kann zu einem stimmungsvollen Naturerlebnis und gewissermaßen zum Tempel, zum „andächtigen Aufenthalt" werden. Doch Oskar Loerke befindet in seinem Gedicht „Panmusik" (1929): „Nur allzu bald schläft mir da die Seele ein …, fällt der Wind aus seiner Höhe, wird Tiefe nicht mehr sein." – Auch der große Baumliebhaber und Dichter Hermann Hesse sagt: „Natur befriedet uns nicht." – Wir haben heute nicht die Sorge, Bäume könnten in den Himmel wachsen oder könnten den Himmel ersetzen. Im Blick auf die vielen kranken oder unersetzbar abgesägten Bäume fürchten wir eher, sie könnten am Ende sein. –

Bäume sind uns, vor allem hier in Europa, so sehr selbstverständlich und vertraut in unserer Umgebung, dass die bildüberfluteten Augen vieler Zeitgenossen sie oft nur noch, gelinde gesagt, beiläufig registrieren. Es sterben die Bäume in unserer Aufmerksamkeit und folglich auch in der Natur! Wir erkennen leider nur zögerlich den Zusammenhang mit der in heutiger Zeit immer bedrohlicher werdenden Zerstörung des Lebensraumes der Pflanzen, Bäume, Tiere und damit auch des Menschen durch unbeabsichtigte Rückwirkungen der Technik und des Wirtschaftsfortschritts. Wir sind also mit akuten Überlebensprozessen konfrontiert. Die Natur ist zu bewusster Gegenwehr nicht fähig. Sie reagiert auf Ausbeutung, indem sie stirbt. Die Stärke des Menschen ist, dass er die Probleme, die er erzeugt, im Prinzip sehen und somit behandeln kann. Der Mensch kann prognostizieren: Wir werden die organische Natur und damit unseren Lebensraum und uns selbst zerstören, wenn wir nicht umdenken.

Man wird die Natur niemals heilen können, wenn sich die menschliche Gesellschaft nicht mit ihr solidarisiert. Glücklicherweise aber gibt es noch viele Menschen, die sich gefühlsmäßig mit der Natur und ihren Lebewesen verbunden fühlen, Menschen, die sich noch identifizieren können z. B. mit ihren Bäumen im eigenen Garten und Umfeld: „Mein Nussbaum, mein Apfelbaum, unser Kirschbaum, unser Wald" etc. Hier existiert noch bewusst-unbewusst so etwas wie eine E t h i k d e r M i t k r e a t ü r l i c h k e i t. Solange die Nabelschnur zu den Kräften der Natur und des inneren Lebens noch nicht total abgesägt ist, ist die Geschichte noch nicht am Ende.

Die europäischen Staaten demonstrieren zur Zeit ihre Unfähigkeit – im Sinne einer vorausschauenden und verantwortlichen Humanität –, das Gemeinwohl sozial-ökonomisch und vor allem auch ökologisch gegenüber dem Herrschaftsdruck des wirtschaftlichen Fortschritts zu gestalten. Unsere Bäume und ihr Schicksal stehen stellvertretend für

Natur und
Mensch –
Bäume und ihre
Bedeutung für das
menschliche Leben
eine mögliche Katastrophe: die selbstverursachte Verendung von
Natur und Mensch, denn es gilt die Gleichung Ent-Waldung = Ent-
Menschlichung.

In dem Buch „Bäume braucht man doch! Das Symbol des Baumes
zwischen Hoffnung und Zerstörung" lautet das Fazit des theologischen Mitherausgebers Prof. Gerhard Lohfink:

„Es gibt also nur zwei Möglichkeiten und diese beiden Möglichkeiten entscheiden die Geschichte: Glaube oder Unglaube. Bloße Religio-
sität genügt nicht. Entweder breitet sich im Glauben, und das heißt in
der Nachfolge Jesu, eine Gesellschaft aus, die frei ist von den Dämo-
nen der Gewalt, oder unsere Welt endet im dämonischen Chaos der
Gewalt und in der Zerstörung der Natur."

Es käme also darauf an, vorausschauend zu planen. Helfende Ord-
nungen müssen dem Bösen abgerungen werden, der Bequemlichkeit
und den blinden Interessen nicht nur anderer, sondern auch unserer
selbst. Der Weg zu einer solidarischen Menschheit ist ein Element der
Erwartung des Neuen Himmels und der Neuen Erde. Wir sollten uns
angesichts engstirniger Selbstblockaden mit Großherzigkeit, Vernunft
und Verantwortung verbünden!

> *„Geh hin*
> *geh hin umarme*
> *einen Baum*
> *geh hin*
> *umarme einen Baum*
> *geh hin umarme einen Baum*
> *er weint mit dir*
> *…"*
>
> *Hilde Domin*
> *Anfang des Gedichts „Geh hin", aus:*
> *„Der Baum blüht trotzdem", S. 32*

II Baum und Mensch im Mythos

„Da stieg ein Baum. O reine Übersteigung!
O Orpheus singt! O hoher Baum im Ohr!"
R. M. Rilke, Sonette an Orpheus

Mit dieser dichterischen Beschwörung des griechischen Götterhelden Orpheus betreten wir den mythischen Bereich, der für uns Heutige weithin ein geheimnisvoller Bereich ist. Der Mythos erzählt eine heilige Geschichte, ein Ereignis, das am Anbeginn der Zeit stattgefunden hat, er erzählt mittels einer Geschichte, „was niemals war und doch immer ist". Eine heilige Geschichte erzählen, bedeutet deshalb soviel wie ein Mysterium enthüllen (Eliade S. 85).

Orpheus, des Apollon und einer Muse wunderbarer Sohn, war ein großer Sänger und Dichter der griechischen Sagenwelt. Sein vom Spiel auf der Leier begleiteter Gesang galt als so bezwingend, dass er damit die wilden Tiere zähmen konnte und dass die Bäume, ja ganze Wälder wie bezaubert hinter ihm herzogen. Angeregt vielleicht von solchen Bezügen benannte der Dichter R. M. Rilke seinen berühmten Sonetten-Zyklus nach diesem mythischen Göttersohn: „Sonette an Orpheus". – Vielleicht hören wir Orpheus auf seiner Leier spielen, wenn wir es rauschen oder leise säuseln hören in den Baumwipfeln oder wenn die Baumstämme im Winde knarren? So verstanden es wohl die Menschen früherer Zeiten, als sie mit und in den Göttergeschichten Erklärungen suchten für die geheimnisvollen Vorgänge in der Natur und im Leben. In den Bildern der Mythen spiegelt sich das Drama zwischen Gott und Mensch, zwischen Göttlichem und Menschlichem, zwischen Himmel und Erde.

Mythen erzählen Archetypisches, Grundbefindliches, deshalb gehen von ihnen auch ganzheitliche Wirkungen aus. Mythen drücken sich symbolisch aus, wie Träume und Märchen. Mythen sind die Dramatisierung des Symbols. Das Ursymbol „Baum" findet in Baum-Mythen seine dramaturgische Entfaltung und Interpretation.

Bäume kommen in den Mythen in vielen Bedeutungen vor. Aus der griechischen Mythenwelt ist uns z. B. eine Lorbeerbaum-Episode überkommen, die sich abspielt zwischen dem strahlenden Gott Phoibus-Apollon und der Erdnymphe Daphne. Dem Apollon war der dunkle Lorbeerbaum heilig. Auf ihrer Flucht vor den Liebesnachstellungen des Apollon rief die scheue Nymphe Daphne ihre Mutter Gäa (Erde) um Hilfe an, welche Daphne im letzten Moment hinwegzauberte und in einen Lorbeerbaum verwandelte. Der genarrte Apollon wand sich zum Troste einen Kranz aus dessen Blättern. – Diese Geschichte ist natürlich eine Fundgrube für tiefenpsychologische Deutungen.

Auch aus unserem Kulturraum sollen einige Beispiele angeführt werden. Versuchen wir einmal, uns in die Menschen unserer geschichtlichen Frühzeit hineinzudenken, für die es noch keine Schrift gab. Die damaligen Menschen nahmen die Welt um sich herum vornehmlich mit ihren Sinnen wahr. Es waren Bilderfahrungen von unerklärlichen Vorgängen in der Natur, die ihr Staunen, ihre Freuden und Ängste umtrieben und die sie sich in erzählbaren Geschichten mitteilten und so von ihrer Seele abluden. Sie schauten mit reinem Staunen Nacht für Nacht durch die Kronen mächtiger Bäume hindurch zum gestirnten Himmel hinauf. Die Sterne glitzerten fern und golden vom hohen Firmament herab und schlummerten doch wie nah im Geäst der Bäume. Die über ihnen sich lang hinziehende Milchstraße mag ihren noch bildfähigen Augen erschienen sein wie ein kosmischer Baumstamm mit seinen Verästelungen in Wurzel und Krone weit in die unendlichen Tiefen des Himmelsmeeres hinein. Es verwundert nicht, dass der Baum ein vorrangiges Erscheinungsbild wurde für ihre kosmisch-empfundenen Gottheiten. Er wurde ihnen zum Symbol göttlicher Allmacht, die Heil oder Unheil über Erde und Menschen bringen konnte.

Auch die Berichte aus dem ersten Buch der Bibel, der Genesis, gehören mit der Weise ihres Erzählens in die mythische Zeit. Unter Bäumen entfaltete sich das Leben der menschlichen Stammeltern Adam und Eva im Paradiesesgarten. An der Schönheit und an den Früchten üppiger Bäume ergötzte sich das Urpaar, wurden diese Bäume doch bestens ernährt vom reichlichen Quellwasser, das nach allen vier Himmelsrichtungen hinströmte. Diese Paradieses-Bäume waren stellvertretende Zeichen für Gottes Anwesenheit, für seine Schöpfer-Kraft und -Phantasie und für seine fürsorgliche Mütterlichkeit. Vielleicht haben wir – mit Rilke – diese „hohen" Paradies-Bäume noch heute „im Ohr"?, erwecken doch üppige Bäume spontan in uns Ahnungen und Assoziationen an ein Paradies! Mythische Schauungen sind Spiegelungen von numinos-göttlichen Lebensmächten und ihre Umsetzung in die seelische Bilderwelt von Menschen. Auch die Geschichte von Moses und seiner Gottesbegegnung im brennenden und nicht verbrennenden Dornbusch gehört in diesen Bezug (dazu mehr in Kap. IV).

Mythen geschehen immer und nie. Sie sind zeitlose, raumlose Wahrheits-, Weisheits- und Wirkungs-Geschichten – wie vergleichsweise die Märchen. Es ist auch bedeutsam, dass in der Bibel der Baum der Erkenntnis „in der Mitte" des Gartens stand (Gen 3,3). Entsprechend wuchsen auch die mythischen Bäume der Germanen an markanten Orten oder sie besaßen andere herausragende Besonderheiten. Im Märchen von Aschenputtel befindet sich sinnigerweise der sprechende und kleiderspendende Baum auf dem Grab der Mutter, als dem zweifachen Wurzelbereich von Mutter und Erde.

Erinnert sei an die gewaltige Esche, die „Welt"-Esche Yggdrasil der Germanen und auch an die Wotans-Eiche (Odins-Eiche), welche ihre Äste in das unendliche All ausbreitete. Götter- und Weltenbäume! In den Eichen-Wurzeln befanden sich, so glaubte man, die Quellen der Weisheit und des Schicksals. Seine zwei Raben raunten dort dem Göttervater Odin ins Ohr, was sie gesehen und gehört hatten. Der Mythos ist also ein Erklären, ein Dramatisieren des Symbols. Was seit Urzeit geschehen und geschieht, wird durch Erzählung und Sage, durch mythische Kunde, verstehbare Gegenwart.

Die „Irmensul" der Sachsen (irmin = groß) war ein Holz-Stamm, eine „große Säule" und unter freiem Himmel aufgerichtet. Ihr Name bedeutete All-Säule, Säule, die das All trägt. Karl der Große ließ bei einem seiner Kriege gegen die Sachsen (772) das heilige Holz ihrer „berühmten Irmensul" zerstören. Sie galt als „Säule des Universums, die fast alle Dinge trägt" (Eliade S. 34).

Noch bis heute sind in unserem Kulturraum romanische Kirchen-Krypten erhalten geblieben, wo auf einer einzigen Mitten-Säule in der Krypta – quasi wie auf einem paradiesischen Urbaum oder wie auf einer mythischen Allsäule – der ganze Kosmos der oberen Chorwerk-Architektur aufruht. Ein anschauliches Beispiel hierfür stellt die wuchtige Krypta-Säule der Michaelskirche in Cuxa (franz. Pyrenäen) dar. Die spirituelle Bauidee ist zugleich mythische „Sage" wie österliche Mystik: die „verborgene", unterirdische Krypta-Säule repräsentiert den geheimnisvollen Nabel der Welt und zugleich den auferstandenen

19

Krypta der Michaelskirche in Cuxa, 974 n. Chr., französische Pyrenäen

und nun für immer auferstehenden Christus als ein Welt-Fundament: den göttlich-spirituellen Wurzelgrund allen Lebens und Seins.

Diese kompakte Säule von Cuxa steht da wie ein Ur-Baum. Im sinnlichen Zeichen werden geheimnisvoll-göttliche Wirklichkeiten erhellt. Diese Krypta-Säule trägt den Kosmos des ganzen Kirchenbaues. Hier ist zusammengefasst, was sich dann in die Welt hinein ausweitet. In der Tiefe und Mitte der Höhlen-Krypta findet der Beter Orientierung für sich, er empfängt Sinn. „Wer gesammelt in der Tiefe lebt, sieht auch die kleinen Dinge in großen Zusammenhängen" (Edith Stein).

Malerei aus der Grabkammer des Sennudjem

Göttlicher Baum – Malerei aus der Grabkammer Thutmosis III.,
Theben, Ende 14. Jh. v. Chr.

Diese beiden Bilder zeigen, wie man sich in Ägypten die Beziehung
zwischen einem Baum und seiner Göttin vorstellen konnte: der Baum
und die Göttin als weitgehend identisch. Die Göttin bildet in mensch-

21

licher Gestalt den Stamm des Baumes. Sie reicht dem König Speise und Trank. Die weibliche Brust, an der der König trinkt, und der Arm, der sie hält, deuten auf eine allein dem König vorbehaltene, personale Begegnung hin. In mythischer Bildsprache wird gesagt: Die Erfahrung der „Nähe eines Gottes" bedeutet besonderen Schutz und „übernatürliches" Leben. Die ägyptische Kultur entsprang einem Volk, welches instinktiv Zusammenhänge zwischen Kosmos und Mensch entfaltete. Die ägyptische Bildsprache der Königsideologie weist voraus auf Jesus Christus und auf die mystisch-nährende Vereinigung zwischen Christus und der menschlichen Seele.

Archaische Bräuche, in denen Tote oder Kranke zu Götterbäumen gebracht wurden, fußen auf dem Glauben an eine Wiedergeburt. Das sich jährlich erneuernde Leben im Baum, sein natürlicher Kreislauf von Absterben und Neuerwachen – so kündet der mythische Glaube – sollte auch die Menschen wieder erneuern.

Das Grab des ägyptischen Götterkönigs Osiris im Tempel von Philae trägt die Inschrift: „Seine Mutter ist Nut, die Sykomore (= Maulbeerbaum), sie soll ihn beschirmen und seine Seele in ihren Zweigen verjüngen." Neben der Urmutter Nut gelten auch die Göttinnen Hathor und Isis im alten Ägypten als Baumgöttinnen. Sie gehen mit ihrer Gestalt ein in das Bild eines nährenden, verjüngenden Baumes.
      Auch das (angebliche) Grab Abrahams, nordwestlich von Hebron, wird noch heute in Zusammenhang mit einer Abrahams-Eiche hoch verehrt. War dem hundertjährigen Abraham doch einst „der Herr erschienen bei den Eichen von Mambre" (Gen 18,1) und hatte ihm einen Sohn von seiner Frau Sara, also neues Leben, verheißen.

Die vielen überlieferten Zeugnisse von mythischen Baum-Göttern und -Göttinnen belegen, dass der Baum sowohl männlich als auch weiblich gesehen wurde. Wie das Wasser in seiner elementaren Undifferenziertheit sowohl männliche wie weiblich-mütterliche Elemente enthält (Wasser als Beweger und Befruchter und das Wasser als Milch der Erde), ebenso ist auch der Baum vor allem durch den Elementarcharakter des Holzes ambivalent, d. h. männlich und weiblich in seiner Symbolik. Männlich ist der Baum vor allem in seinem Stamm: als aus der Erde-Herausragender ist er Erdphallus. Unter diesem Aspekt dominiert der Zeugungscharakter. Der männlich-phallische Baum verliert somit nie seinen Erdabhängigkeitscharakter (sprachlich: frz. 'arbre = m.; aber lat. arbor = w. im gramm. Gebrauch, doch m. in der Form). Die weibliche Natur des Baumes hingegen wird im Baum-Dach deutlich im Schutzcharakter des Bergens; vor allem aber im fruchttragenden Baum. Hier kommt die Große Erdmutter Gäa/Demeter zur Erscheinung, die alles pflanzliche Leben gebiert, beschützt, zur Frucht bringt und so Tiere und Menschen ernährt.

Die mythischen Urgründe von Baum und Mensch wurzeln letztlich darin, dass beide zwischen Erde und Himmel stehen. Die Gezeiten von Tag und Nacht und die vier Jahreszeiten z. B. werden in den Mythen Göttergestalten zugeordnet. Dadurch bringen die Mythen auch den Gegenpol der Erde, nämlich die Sonne und den Himmel, zum Bewusstsein. Baum und Mensch sind von ihrer Gestalt her in diese Lebenspolarität eingespannt. Polarität aber bewirkt Bewusstwerdung, und zwar von Seele und Zeit. Der erdhafte Hades und der übererdhafte Olympier Zeus werden mythisch als polare seelische Wirklichkeiten bewusst.

Uterus und Phallus sind die physischen Gegentypen, die sich schon in der antiken Baukunst und erst recht in den Kirchen-Architekturen von Romanik und Gotik im Sinne einer Dualität als „Schiff" und „Turm" polarisieren. Der dunkle Uterus, das Schiff, hat *Höhlen- und Gewölbe-Charakter;* er vertritt den Nacht-Aspekt, *die Mutter-Dunkelheit,* die Geborgenheit, das gebärende Prinzip. Davon zeugen die wunderbaren, geheimnisvollen romanischen Krypten. Auf dem anderen Pol hat Phallus, der Himmel, der Olymp, der in der Architektur vor allem das Wesen des lichten Zwischenraumes ausdrückt, *Säulen-Charakter.* Dieser vertritt den Tag-Aspekt, die *Vater-Helligkeit,* das Ausgesetztsein, das zeugende Prinzip. Ein schönes Beispiel ist die goldene „Höhle" des Markus-Domes in Venedig und der hohe, helle Turm auf der Piazza. (Vorbild für den Markus-Dom ist die „Hagia Sophia" – Kirche in Istambul.)

MYTHOS beinhaltet Zweierlei: das griech. Wort ‚myein' heißt schließen, ein Schließen von Mund und Augen, ein schweigendes Nach-innen-Sehen, ein Ansichtigwerden der Seele (Mystik). Mythos ist dann aber auch ein Darstellen, die Aussage, der Bericht, die Sage über das seelisch Erblickte und Gehörte. Das Innen-Erschaute findet seine

„Ent-Sprechung" in der dichterisch-seherisch gestalteten „Aus-Sage":
„Dichtung" im Sinne von Ver-Dichten.

Ein Mythos ist auch ein Spiegel der Seele. In den Spiegel der Seele
sehen: das ist Bewusstwerdung! Die Seele ist Spiegel sowohl der
dunklen Höhle (Hölle) wie auch des lichten Himmels. Stets bringt die
Mythen-Interpretation eine *Lebenserhellung* mit sich. Das Wort „Er-
hellung" macht das wesentliche Moment aus etwa bei einer geglück-
ten Traumdeutung in der heutigen Tiefenpsychologie und bei Mär-
chen-Interpretationen.

Anfangs wurde herausgestellt: Baum und Mensch stehen zwischen
Erde und Himmel, dies verbinde beide. Baum und Mensch nun auch
in ihren polaren Ursprungs-Gestalten von Mutter-Dunkelheit und
Vater-Helligkeit, von Wurzelhöhle und Säulen-Charakter aufzusuchen,
gehört zur Fundierung und zu einer Bewusstwerdung im Ganzheitlichen: in Natur, Gestalt und Geist.

> *„Nur wer um die Ursprünge weiß, hat Gegenwart*
> *und lebt und stirbt im Ganzen."*
> Jean Gebser

Exkurs: Mythos und Mystik　　Die mythischen, antiken Götter und Göttergeschichten sind ahnende, an-fragende Vor-Stellungen der menschlichen Geist-Seele auf
eine übermächtige Wirklichkeit hin, die die Menschen seit frühesten Zeiten „Gott" und
„göttlich" genannt haben. Sie sind „Vorläufer", Vorschattungen von Eigentlichem.

Aus lebenslanger, leidenschaftlicher Forschung und Suche gelangte mein Lehrer
Alfons Rosenberg zu der Erkenntnis, dass sich in der gott-menschlichen Wesensein-
heit Jesu Christi die leuchtende Erfüllung aller mythischen, dunkel-undeutigen Göttergestalten erkennen lässt. So kann Jesus Christus gesehen werden als der wahre, eigentliche Orpheus, der wahre Zeus-Apoll, der wahre Odysseus und Wotan, der wahre
Dionysos und Eros, der wahre All-Baum, die wahre Irmen-sul (s. auch unten S. 69).

Durch Tod und Auferstehung offenbart sich Jesus Christus als der eigentliche, *personale* Lebensbaum und die unversiegbare Lebensquelle in der Mitte des ewigen Paradieses und auch als dessen Gärtner (Joh 20,15); (wobei ,Baum', ,Garten', ,Quelle',
,Gärtner' als tiefe Urbilder gesehen werden können).

Die illustre Göttergesellschaft des griechischen Olymps war schon für den heidni-
schen Philosophen Sokrates (um 470 - 399 v. Chr. = 71 J.) unglaubwürdig geworden. In
Jesus Christus als der Epiphanie, der Erscheinung eines „ganz anderen", eines „unbe-
kannten" Gottes (s. Apg 17,24 und die ganze große Areopag-Rede des Paulus in Athen
17,16-34) geschah eine Zeiten-Wende: ein absoluter, existentieller Ernst brach in die
Geschichte und die Geschicke der Menschen ein. Der Tod dieses Gott-Menschen vor
aller Augen an einem Schmach- und Marter-Baum und das Ereignis seiner geheimnisvollen Auferstehung verleiht dieser Geschichte ab sofort die Sinn-Gestalt eines
universalen Heilsdramas. *Aus Mythos ist Schöpfungs-Mystik geworden!*

Andererseits gewinnt das biblische Gottesbild durch die mythischen Vorstufen
durchaus farbig-archetypische Akzente hinzu, die Jesus uns Heutigen sicher mit leich-
tem Schmunzeln gestatten wird.

Gotische Dome mit ihrem Astwerk im Fenster galten in gewissen Kreisen als erstarrte Wälder und somit als Relikte eines ursprünglichen Baumkultes.

Der Pflanzenmensch – Kupferstich von 1696. Die Punkte des Aderlasses werden durch Zweige und Wurzeln angedeutet. Durch die über ihn hinaufreichenden Blätter und Wurzeln wird der Mensch zum Element des Kosmos und verwurzelt sich zugleich in der Erde.

Diese zwei Bilder zeigen, wie in früheren Jahrhunderten das Bild des Baumes dazu verwendet wurde, „Neuheiten" z. B. in der Architektur oder in der Medizin verständlich zu machen.

Der Baum ist sowohl Stätte der Geburt (Wiege, Krippe) als auch Stätte des Todes: Der Hängebaum als Trauerbaum; der Galgen, der Marterpfahl und das Kreuz als Todesbaum. Der Baum als Mast und als Baumboot ist Helfer bei der Lebens-Meerfahrt, und der hölzerne Sarg ist zurücknehmender Erdschoß. Der grüne Baum ist ein Zeichen des Friedens und auch des Sieges, z. B. die Palme des Siegers (lat. palma = flache Hand). Das Erheben des Armes mit der offenen Hand ist die Geste des Siegers, auch heute noch im Sport – ist Zeichen der Freude über das Geschenk des Sieges!

Die „Vertreibung aus dem Paradies" ist im Sterben der Bäume und Landschaften immer noch mythische Gegenwart. Ob die gentechnische Biologie oder andere Wissenschaften diesen Prozess aufzufangen vermögen, steht noch dahin. Wir haben es seit der Aufklärung und dem Aufkommen des naturwissenschaftlichen Denkens verlernt, in Bildern zu schauen und wahrzunehmen, was läuft, was e i g e n t l i c h vorgeht. – Es ist die Frage, ob wir, da sich die Entwicklung nicht zurückdrehen lässt, etwa vor einer neuen „Paradiesvertreibung" stehen? –

An dieser Stelle möchte ich den franziskanischen Theologen Leonardo Boff zitieren: „Die größte Aggression, die die Menschen der Erde antun können, ist, sie nicht als Magna Mater und als Gaia ernst zu nehmen… Das Ganze von Kosmos und Weltall bildet ein gewaltiges offenes System. Alles hat mit allem zu tun, in allen Punkten und unter allen Umständen." Und er folgert daraus: „Eine Ausdrucksform des Lebens ist – neben der Gestalt – der Geist. Überall im Kosmos ist er anzutreffen. Das Weltall ist von Geist durchdrungen. Der Geist ist sowohl im Kosmos als auch in Gott gegenwärtig. Was Geist ist, lebt und stirbt nicht." (Die Botschaft des Regenbogens S. 216-218) –

Angesichts des fortschreitenden Waldsterbens werden wir vielleicht das seelenlabende Grün der Wälder nicht mehr lange haben. – Solch schlimmer Zukunftsaspekt veranlasste den Symbolkundler Alfons Rosenberg, darauf hinzuweisen, dass eine mögliche Ersatz-Erquickung für eine zerstörte Natur dann in einer geistigen Überhöhung, in einem geistigen Gut, nämlich der Freundschaft, liegen könnte. – Er entfaltete das Wesen der Freundschaft als „ein gemeinsames Ringen um die Palme", d. h. um den Lebensbaum als transzendenter Siegestrophäe. Im letzten Buch der Bibel, d. h. in den geheimnisvollen Bildern der Johannes-Offenbarung, wird der Lebensbaum als zutiefst in der Person Christi und seiner Auferstehung mystisch erkannt. In den folgenden Kapiteln wird dieser Gedanke noch weiter entfaltet.

Das mythische Erbe wird auch weiterhin in den folgenden Kapiteln zur Sprache kommen, denn echter Mythos als Wesens-Geschichte von Göttlichem und Menschlichem schlummert in vielen Erzählungen des Alten und auch noch des Neuen Testamentes und findet noch heute Nachhall – wie gesagt – sowohl in Märchen wie in unseren Träumen, wie in vielen Architekturen insbesondere von Kirchenbauten.

„Christentum ist keine Metaphysik, sondern die Selbstbezeugung des wirklichen Gottes", sagt Romano Guardini. Alles Geistige-Unsichtbare hängt zusammen mit sichtbarer Gestalt. Wie Körper und Seele miteinander leben, so auch das Natürlich-Sichtbare und das Übernatürlich-Unsichtbare in der menschlichen Doppelnatur, welche den Menschen zu einem Symbol werden lässt und ihn heilsam abgrenzt gegen blutleere Metaphysik und gegen geschichtslosen Mythos. –

III WURZEL, STAMM UND KRONE – ZUR GESTALTSYMBOLIK VON BAUM UND MENSCH

Wurzel

Die Wurzeln sind der Lebensgrund des Baumes. Wurzeln verbleiben im Dunkel, sie fußen im verborgenen Mutterschoß der Erde. Beim Pflanzen oder Umpflanzen von Garten- oder Zimmerpflanzen berühren viele Menschen kleinere Wurzelballen direkt mit ihren Händen, um sie dann wieder in die Erde zu versenken. Doch bei nur wenigen Menschen werden dabei Empfindungen wach hinsichtlich des eigenen Wurzelbereichs und eigener Verwurzelungen (z. B. Eltern / Ahnen, Volk / Sprache, Kultur und Erdgeschichte).

Von den Wurzeln aus erfolgt der Weg in die Entfaltung des ganzen Baumes. Was in den Baumwurzeln noch im Dunkel verbleibt, breitet sich später sichtbar aus bis hin zu den Verzweigungen der lichten Blätterkrone, wobei Wurzelform und Blattform und Kronenform oft Ähnlichkeiten aufweisen.

Aus der Wurzel kommt der Impuls zur Entwicklung des Ganzen. In der wachsenden Entfaltung eines Baumes vergrößern sich Wurzel, Stamm und Krone etwa gleichzeitig miteinander. Alle Drei brauchen einander lebensnotwendig. Die Wurzel bedarf des Sonnenlichtes aus dem Auffangfächer der Krone, wie ebenso die Krone die Kraft benötigt aus der dunklen Tiefe. Der Stamm bildet dazu die verbindende Wegleitung. Im Wurzelstock ist bereits keimhaft alles angelegt und zusammengefasst, was durch das Licht der Sonne in die Veräußerlichung hervorgeholt wird. Dabei erweist sich nicht die Erde, sondern das Licht als die wahre Mutter des Lebens. –

Ausgehend von dem lateinischen Wort „radix" = Wurzel verstehen wir den Ausdruck „radikal" besser. Gemeint ist nämlich, eine Sache von Grund auf zu betreiben, anzuschauen und zu bedenken, oder etwas „voll-ständig" zu tun, z. B. etwas mit „Stumpf und Stiel" auszurotten. Im Gegensatz dazu steht die Oberflächlichkeit einer schnellen Wischi-waschi-Mentalität.

Wie die Seele uns Menschen vollständig durchdringt, so muss auch unser Körperbewusstsein den unsichtbaren Wurzelbereich mitintegrieren, auch ihm „Gehör" schenken, sonst suchen uns die Krankheiten heim, die von dieser Selbstvernachlässigung, von dieser Selbstverstümmelung herrühren. – In der oberflächlichen Betrachtungsweise unseres fortschrittsvernarrten Zeitgeistes offenbart sich eine Art Wurzelvergessenheit. Da gibt es fast keinerlei Erschütterungen mehr durch bereits der Geschichte Angehörendes oder durch Unerklärbares, Verborgenes, also Wurzelhaftes.

„Wo kein Sinn mehr für Unerschließbares, da werden unzählig die wertlosen Schlussfolgerungen", sagt Botho Strauß (S. 102).

Die unsichtbare Wurzelwelt kann zum Sinnbild werden für ein geheimnisvolles Herkunftsland. Im Bereich der Pflanzen- und Baumwelt und auch bei Tieren wird heute das künstliche Vermehren und das Züchten neuer Sorten schon vielfach praktiziert. Wie aber verhält es sich mit dem künstlichen Züchten von Menschen? Selbst wenn der homo sapiens sapiens noch in Zukunft immer genauer wissenschaftlich erforscht werden sollte, wird es den Retorten-Menschen, den Homunkulus, den computer-konstruierten Menschen nicht geben. Um den Menschen bleibt ein unerforschbar-unberechenbar Letztes: sein individuelles geistiges Bewusstsein seiner selbst. Ohne dieses „Ganz-Andere", das letztlich Unerschließbare seiner freien, kreativen Geist-Natur, kann sich das Spezifisch-Menschliche nicht entfalten. Durch das Bild der unter der Erde verborgenen Wurzel kann, symbolisch, die Ahnung aufkeimen und zur weisheitlichen Erkenntnis werden, dass „unter" oder „hinter" aller sichtbaren, erforschbaren Wirklichkeit etwas so geheimnisvolles Ganzes existiert wie das Leben schlechthin und seine prinzipielle Nichtrekonstruierbarkeit und Unmanipulierbarkeit. Der Romantiker Friedrich Novalis formulierte:

„Das Sichtbare (Äußere) ist das ins Geheimnis gehobene Innere (Unsichtbare)."

Als Krönung des Menschlichen sind Gefühl/Sensibilität und Geist/ Bewusstsein untrennbar und je einmalig miteinander verwoben wie etwa beim Baum Wurzel und Krone. Die symbolische Verhaltens- und Erkenntnisebene ist die höchste. Während das Tier in einer Welt von Signalen lebt und es die Welt nur insofern erkennt, als sie an seine sinnlichen Bedürfnisse appelliert, lebt der Mensch in einer Welt, in der für ihn das Sinnlich-Erfahrbare über sich hinausweisen und zum Sinnbild einer höheren Wirklichkeit werden kann. Nur der Mensch kann sich auf dem symbolischen Niveau bewegen. Bis in die geheimsten Tiefen von Körper und Seele treibt das Symbol seine Wurzeln (z. B. die DNS-Spirale).

Die moderne Mikro-Biologie entdeckte Möglichkeiten, schon frühe Keimungsstadien des Lebens bei Pflanze, Tier und Mensch sichtbar zu machen. Doch bezüglich des Menschen stoßen die Wissenschaftler auf eine so unglaublich hohe Differenziertheit seiner geistigen Bewusstwerdungsveranlagung, dass hier die technische Manipulierbarkeit auf endgültige Grenzen stößt.

Der Prophet Jeremias (7. Jh. v. Chr.) drückt diese Einmaligkeit des Menschen in religiöser Sprachweise und als „Worte" Gottes aus:

> „Noch ehe ich dich im Mutterleib formte,
> habe ich dich ausersehen."

In ähnlich poetischer Weise spricht der Dichter R. M. Rilke in seinem „Stundenbuch", das angelegt ist wie ein Gespräch mit Gott:

> „Wenn Du ein Träumer bist, bin ich Dein Traum."

Rilkes Dichterblick erschaut sich selbst vor Gott im Bilde eines wurzelhaften Lebensbaumes:

> „Mein Leben ist nicht diese steile Stunde,
> darin Du mich so eilen siehst. –
> Ich bin ein Baum vor meinem Hinter-Grunde."

Das Forschen in den Wurzeln und in den Hintergründen des Menschen geschieht zum Beispiel durch Auflichten der Entwicklungsgeschichte der Menschheit und des Einzelmenschen in den Bereichen etwa von Archäologie, Philosophie, Religion, Psychologie, Kunst-Geschichte, Hirnforschung und Ahnenforschung etc.

Ohne die persönlichen Erfahrungen von Lebensentwicklung, von Erwachsenwerden aus den speziellen eigenen Wurzeln heraus, welkt menschliches Leben ohne Konturen dahin. Persönliche Lebens-ERINNERUNG macht das Lebendigsein erst einmalig-interessant, plastisch und farbig; wie auch immer die Farben getönt sein mögen.

„Wer nicht Wurzeln hat, wächst in keine Zukunft.
Wer eigenen Wurzeln aber nie entwächst,
entfaltet sich nicht zum Neuen, zum Baum." (Kurt Marti)

In der Persönlichkeitsentfaltung des einzelnen Menschen können „Quantensprünge" vorkommen, wie auch der Mensch nicht zur Sesshaftigkeit geboren ist. Durch Erschütterungen, besondere Herausforderungen und Bewusstwerdungsprozesse können beim Menschen neue Qualitäten erweckt und tiefgreifende Veränderungen bewirkt werden. Insofern ist der Mensch nie am Ende. Wurzeln sind ein Anfangsbereich. Sie sind etwas am Grunde Liegendes, ein Basislager, eine Ausgangsstation für Expeditionen. Wurzeln bedeuten im erweiterten Sinne Muttergrund, Ursprung, das Unten, ja, Tiefe schlechthin.

Das Sich-Einwurzeln, das Sich-fest-Verwurzeln gehört zum erwachten Menschsein. Es ist so wichtig wie das Bewusstsein vom Wachsen, vom Sich-Wandeln, Erwachsenwerden und vom Sich-Entwickeln. Sei es ein Sich-Verwurzeln in eigenen Daseinsbedingungen und Erfahrungen wie z. B. Haus und Hof, Heimat, Boden und Brauchtum, Ehe und Familie, in Freundschaft, Kultur und Kosmos und auch in so absolute Werte wie in Wahrheit und in „Gutes-gut-tun". Letzteres ist eine einfache lebbare Formel für grundständige, persönliche Qualität.

Wurzellossein ist ein Phänomen, ja sogar eine Krankheit unserer weltweit waagerecht verkabelten, hektischen, flexiblen Moderne. Eine liberale, offene Gesellschaft entsteht nicht dadurch, dass alle möglichst liberal, angepasst und offen sein wollen; sie lebt davon, dass jeder er selbst ist, Selbststand hat, erkennbar – deutlich und beständig.

(Hinweis: siehe dazu Kapitel IX, 1. Übung)

Stamm

Der Stamm eines Baumes ist eine aufragende Säule. Er verkörpert damit die Grundausrichtung natürlich wachsenden Lebens: von dunkler Wurzeltiefe zur Entfaltung im Licht der Höhe. Zwischen weit ausgefasertem Wurzelballen und breitgefächerter Blätterkrone wirkt der Stamm wie eine Achse, wie ein schmaler, langer Kanal zwischen den Gegenwelten von Erde und Himmel oder wie eine Weltensäule. Der Baumstamm leistet dabei oft komplizierte Balance-Künste vor allem bei stark verzweigten und mehrstämmigen Bäumen. Er balanciert Polaritäten aus zwischen rechts und links, vorn und hinten, oben und unten, wobei oft Wind und Wetter gravierend mitmischen.

Der Stamm eines Baumes entspricht der Wirbelsäule des Menschen. Die Wirbelsäule ist ebenfalls eine organische Lebenskanal-Verbindung, und zwar zwischen den Polen von Fußregion – Becken und Kopf. Die ca. 33 unterschiedlichen Wirbel der Wirbelsäule sind aufeinander gestapelt und bilden dadurch einen schützenden Tunnel für das Rückenmark, welches den zentralen Strang des Nervensystems enthält. Das Nervensystem durchzieht den gesamten Körper und verbindet ihn mit seinem obersten, motorisch-geistigen Kontrollzentrum: dem Gehirn. Das Gehirn schickt dann entsprechende Botschaften zurück zu Muskulatur und Knochen und zu den vielen einzelnen Organen. Differenzierte Vorgänge zu Wachstum und Entwicklung durchziehen so den Wirbelsäulen-Stamm. Im Vergleich zum Baum sind diese Strömungsvorgänge allerdings beim Menschen sehr viel komplizierter, dynamischer und sensibler, denn es kommen geistige Emotionen mit ins Spiel. Die langen Röhrenknochen der Gliedmaßen illustrieren die senkrechte Wachstums-Durchströmung. Der lange Stamm sinnbildet die zeitlich lange Umsetzung und Wandlung der Wurzelkräfte in das Blühen und Fruchtbringen in der Kopf-Krone.

In der Gattung der Wirbeltiere ist die am Lot orientierte, aufrechte Haltung des Menschen ein Höhepunkt. Durch die Aufgliederung in viele einzelne Wirbel erreicht der menschliche Wirbel-Stamm erstaunliche Bewegungsmöglichkeiten, die vor allem etwa beim Tanz, beim Turnen und in der Akrobatik offenbar werden. –

Wir stehen beim Menschen vor dem erstaunlichen Phänomen, dass der schwere, reichkonturierte Körperbau sich auf der schmalen, kurzen Basis der Fußsohlen aufrecht zu halten vermag, und zwar ohne äußerlich erkennbare Einwurzelung in den Erdgrund. Diese wird ersetzt durch das ganzheitlich-sensorische Nervensystem! Biologisch gesehen „wurzelt" der Mensch in seinem Beckenraum: sein Schwerpunkt liegt dort und eben auch die Organe für die Fortpflanzung.

Das Nervensystem erschließt und umfasst auch die feinsten Kapillar-Gefäße des menschlichen Körpers. Sein Hauptstrang indes verläuft bestmöglich geschützt im inneren, dunklen Wirbelsäulenkanal. Durch die feinen Nervensensoren vermag sich der Mensch im ganzen Körper differenziert wahrzunehmen und zu bewegen. Die zentrale Schaltstelle liegt im Kopf, im Gehirn.

Wenn wir unter ganzheitlicher Gestalt eine aus der Wurzel gewachsene Einheit verstehen, so ist darin enthalten ein Ernstnehmen des Biologisch-Organisch-Nervlichen. Das Sinnlich-Organische ist die Voraussetzung für eine vitale, leib-geistige Existenz des Menschen. „Nihil est in intellectu, quod non prius fuerit in sensu"! „Nichts ist im Geist, was nicht vorher in den Sinnen war", heißt eine Grundthese abendländischer Philosophie und Theologie und heutiger Biologie.

Die majestätische Wirkung, die von einem mächtigen Baum, etwa von einer 40 Meter hohen Libanon-Zeder, ausgehen kann, entspricht der ausstrahlenden Würde eines Menschen in seiner aufgerichteten-aufrechten Gestalt. Die menschliche Gestalt ist eine geistige Aussage. An der körperlichen Haltung eines Menschen ist das so oder so ablesbar. Sie strahlt „königlich" auf und aus, wenn sie sich zur Lot-Balance hin ausrichtet, wenn ein Mensch sich in ihr wahrnimmt und in ihr sich wohl und richtig fühlt. Der eitel-stolz Sichaufplusternde ist dazu eine Gegenfigur.

Die Aufrichtung gemäß der Lot-Balance ist für den Menschen ein sehr individueller und oft langer Weg. Er muss dabei lernen, seine mannigfachen körperlichen – auch die krankheitsbedingten – Besonderheiten – anzunehmen und zu integrieren, sie einzubeziehen in seine Lotwahrnehmung. Das Lot ist ein Naturgesetz. Über die Lot-Balance gelangt der Mensch in einen kosmischen Bezug. Beim Baum vollzieht sich dieser Auf-Wachs-Prozess naturbedingt mehr oder minder ideal. Aber sowohl die Bäume wie auch die Menschen empfangen durch eine Lot-Ausrichtung zusätzliche Aufrichtungs-und Lebens-Energien und eine sichtbar-spürbar bessere physisch-psychische Ökonomie des

Kräftehaushalts und seiner Durchströmung. Insofern ist für den zwar äußerlich wurzellos aufwachsenden Menschen das innere Lot-Bewusstsein mehr als nur Wurzelersatz.

Ein Baum wächst nicht nur von unten nach oben, sondern auch von innen nach außen. An Querschnitten eines Baumstammes kann man sowohl die Anzahl der Jahresringe als auch die magere oder satte Beschaffenheit der jeweiligen Jahre ablesen. Die äußeren, eng unter der Rinde liegenden Ringe sind die jüngeren, weicheren, saftigeren und entscheidenden. In einem Baumstamm verläuft somit ein zweifacher Energiefluss, einmal der senkrechte, welcher die Versorgung zwischen Wurzeln und Blättern übernimmt, und dann der waagerechte, der für das Breitenwachstum sorgt. Diese zwei Strömungen, die senkrecht-vertikale, männliche, und die ringförmig-waagerechte, weibliche, wirken zwar in verschiedenen Richtungen, doch dabei in lebendiger Polarität zusammen: der eine Energiefluss geschieht nicht ohne den anderen. Sie verstärken sich gegenseitig.

Die Lebens- und Wachstums-Qualität eines Baumstammes richtet sich nach dem Maß seiner Durchlässigkeit für den Transport von Wasser, Nährstoffen und Lichtenergien. Die Parallelen zum Menschen liegen auf der Hand, auch hinsichtlich seiner Haut-Rinde, als mit-wichtigem Atmungsorgan neben der Lunge: in Eindehnung und Ausdehnung des Körpers pro Atemzug. Der Mensch könnte diese Tatsache noch mehr beherzigen dadurch, dass er sich seiner Haut-„Rinden"-Atmung mehr bewusst würde. Ihrer von Röhren aus Adern und Nerven durchzogenen und durchströmten Steh-Gestalt nach sind Bäume und Menschen innerlich höchst lebendige „Stämme".

Am Wuchs der Baumstämme ist vieles abzulesen. Wächst ein Stamm schräg oder abgeknickt, wird das Lebensalter des Baumes nicht sehr hoch werden können. Beim Menschen der Neuzeit tritt ein zusätzliches Problem auf: er ist weithin zu einem Sitzenden geworden, d. h., er ist von einem homo erectus zu einem homo sedens geworden. Der Mensch der Moderne sitzt zunehmend mehr und länger, sei es im Auto, am Computer oder vor dem Fernseher. Das hat zur Folge, dass sein vorwiegend senkrechtes, inneres Strömungssystem stundenlang mindestens zweifach abgeknickt wird und die Blut- und Atemkreisläufe nicht optimal strömen können. Wer lässt sich schon noch von seinem Atem durchströmen bis hinab zu den Füßen und zur Erde und – in der anderen Richtung – bis hinein in den Kopf, zumal dieser überdies

auch häufig „gepfropft voll" und abgeblockt ist von viel Wissensstoff
und/oder Terminen und Sorgen? Langes Verweilen in Sitzhaltung und
unausgebildeter Atemvollzug sind schlechthin Bremsfaktoren für ein
wechselseitiges und ganzheitliches Durchströmtwerden zwischen
Fuß-Rumpf und Kopf einerseits und von Innen- und Außenwelt andererseits.

Übrigens: das Wort „Stamm" leitet sich her von der indo-germ.
Wurzel „sta" = stehen, stammen; abstammen; stämmig; Stamm-
haft = Sippenhaft, Stammbaum; Stammtisch, ständig, Gegenstand, Be-
stand, etc. Stamm und Stehen gehören also etymologisch zusammen.

Ein Baum bleibt standortverhaftet. Der Übergangsbereich von der Baum-
wurzel zum Stamm ist besonders kompakt aber auch anfällig. Er ist
vergleichbar der Zone des Sprunggelenks der Füße beim Menschen,
wo indes alles differenziert beweglich ist. Beim Baum wie beim Menschen verrät die Art des Stehens den Stand. Menschen gehen auf verschiedene Weise durch ihr Leben, zwischen schwerfällig und leicht-
füßig. Die Seele des Menschen wird nicht in der Ruhe erkannt, sondern
vor allem in der Bewegung, im Gehen, in seinem Gang. Stand und
Gang bilden ein Beziehungsgefüge.

Die himmlischen Boten, die Engel, heißt es, „stehen" barfuß vor
Gott in „ständigem" Gotteslob. –

Bei dem Ereignis, als Jesus aus besonderem Anlass seinen Jüngern
die Füße wäscht, so berichtet der Evangelist Johannes (13,1-20), ver-
treten die Füße den ganzen Menschen.

Jesu Fußwaschung bewirkt die Reinigung des ganzen Menschen.
Wir wissen heute, dass die Fußsohle nicht nur mit dem Erd/Boden,
sondern auch mit allen Körperorganen kontaktet, wie auch in der Welt
alles mit allem zusammenhängt. Letztlich lebt die Welt und die Menschheit, weil für sie Unbegreifliches, Unfassliches passiert ist, weil an
einem aufgerichteten Baum-Stamm ein Gott gestorben ist und gesiegt
hat, und der Todüberwinder von sich sagt:

„Ich, Jesus, bin die Wurzel und der Stamm" (Offb 22,16). – Was
muss in Jesu menschlicher Verfassung für ein Bewusstwerdungspro-
zess vorgegangen sein, als dies spontan aus ihm herausbrach.

Exkurs: Der Baumstamm als Kunstobjekt

Wir Europäer können nur mit fast ungläubigem Staunen die Riesen-
Mammutbäume betrachten, die in subtropischen Regenwäldern
wachsen mit bis zu 135 Meter hohen, säulenartigen Stämmen, deren
Durchmesser bis zu 12 Meter betragen kann. Einige können ein
Alter zwischen 3000 und 4000 Jahren aufweisen. Der Stuttgarter
Künstler Rudolf Wachter holt etwas kleinere, abgesägte Mammut-
baumstämme nach Europa und arrangiert sie zu Kunstwerken. In der
Stadt Schwäbisch Gmünd und im oberschwäbischen Weingarten hat
er in je unterschiedlicher künstlerischer Bearbeitung jüngst ein
solch wuchtiges Exemplar aufgestellt. In Weingarten wird dieses
Exponat von der Bevölkerung kontrovers kommentiert und diskutiert.

Bei allem ökologischen Vorbehalt bleibt man von der elementaren
Kraft dieses nackten Baumstammes nicht unberührt; man bestaunt,
fühlt und leidet mit. Jeder Naturkörper ist eine Energieform mit
Eigenschwingung, die zusammenkommt mit der Eigenschwingung
des Betrachters. Insofern entsteht Resonanz. Polare Resonanz wird in
Weingarten zusätzlich spürbar, weil sich der Standort inmitten des
zentral gelegenen Stadtgartens befindet: in direkter Nachbarschaft zu
bejahrten, heimischen Kas-
tanien, Linden und Buchen,
die noch wachsen in lebendiger Verbundenheit zu ihren
Wurzelgründen und ihren
ausladenden Kronen einer-
seits und andererseits zum
geschäftigen Stadtverkehr.

Ein Baumstamm als Kunstobjekt,
von Rudolf Wachter.
Im Stadtpark von Weingarten.
Foto: *H. Marcus*

Krone

Eine Baumkrone entwickelt sich durch Teilung des Baum-Stammes in mehrere Äste und viele Verzweigungen. Eine gut ausgewachsene Krone ist, wie es das Wort sagt, die Krönung, die Vollendung des Baumes und seiner „rühmlichen Gestaltung" (Rilke). Gerade im Frühling sehen wir allerorten, dass die Kronen vor allem der Obstbäume gestutzt und beschnitten werden. Sie brauchen Sonnenlicht und Wind, damit die Kräfte des Baumes sich ökologisch-gestrafft in vielen Blüten und großen Früchten ausgestalten können.

Die Parallelen zum Menschenleben und zu seiner ebenfalls notwendigen „Erziehung" und Selbsterziehung sind offenkundig. Das Heranwachsen zur jeweils eigenen Gestalt wird bei Baum und Mensch beeinflusst von sichtbaren und unsichtbaren Veranlagungen, die sowohl im dunklen Herkunftsbereich eingelagert oder von Ab- oder Einbrüchen im Stamm- oder Kronenbereich beeinflusst sein können. Zum Er-wachsen-werden eines Menschen gehört nicht nur die Entfaltung der körperlichen, sondern vor allem auch der psychisch-seelischen und geistigen Veranlagungen. Dann erst wird ein Mensch voll-jährig, mündig und reif und kann Verantwortung übernehmen.

Die Entsprechung der Gegenwelten von Wurzel und Krone –
Sie ist vorhanden gemäß dem Merksatz des berühmten, weisen Gelehrten der Antike, des sog. Hermes Trismegistos: „UNTEN wie OBEN", d. h. im Himmel wie auf Erden, oder: wie im Sichtbaren so im Unsichtbaren, oder: der Apfel fällt nicht weit vom Stamm. Die „Wurzelwelt" liefert Verstehenshilfen für die „Kronenwelt" und umgekehrt. So ähneln die feinen Verästelungen unten im Wurzelballen eines Baumes denen im Kronenbereich; sie ähneln aber auch denen des Gehirns im Innern des menschlichen Kopfes.

Vom Standpunkt der Psychologie her kann man sagen: im Maße der Mensch in seinem Wurzelbereich erwacht ist, kann er sich in der Kopfkrone entfalten und bewusst werden. Was im Wurzelbereich fehlt oder versäumt oder zerstört wurde, wirkt sich auch geistig aus und ist später nie mehr vollständig nachzuholen oder auszubügeln.

Der Gegensatz von Wurzel und Krone –
von Oben und Unten, erweist sich als nicht minder aufschlussreich.
Schon äußerlich deutet der Kopf im Gestaltbild des Menschen eine
ganz neuartige Region an. Sein Kopf ist nicht wie eine Baumkrone
groß und rundum ausgebreitet, sondern verhältnismäßig klein und
sehr komprimiert. Mit dem übrigen kompakten Körper ist der Kopf
nur durch einen schmalen, kurzen Kanal, den Hals, verbunden, was
ihm eine gewisse Leichtigkeit verleiht. Durch die sieben flachen, aber
sehr gelenkig verbundenen Halswirbel kann sich der Kopf unabhän-
gig vom übrigen Körper vielfältig wenden, drehen, strecken und nei-
gen. Er ist von runder, fester Knochigkeit, er krönt gewissermaßen die
Menschengestalt wie eine Kuppel. Durch seine eindeutige Ausrich-
tung nach vorn, wo sich die Sinnesorgane Augen, Nase, Mund und
Ohren befinden, empfängt er seine individuelle Prägung. Die Sinnes-
und Geistbestimmtheit des Gesichtes, vor allem der Augen, lassen den
Kopf zum persönlichsten Ort eines Menschen werden, quasi zu einer
wie schwebend geiststrahlenden Sonne über dem erdverbundenen
Körper.

Durch die intensive Hirnforschung der letzten 30 Jahre wurde zutage
gefördert, dass bei aller Gegensätzlichkeit von Baumkrone und menschlichem Gehirn dennoch erstaunliche Ähnlichkeiten zwischen beiden
feststellbar sind. Vor allem zwei wissenschaftliche Erkenntnisse sollen hier noch einmal erwähnt werden:

1. Die einzelnen Nervenzellen des menschlichen Gehirns, die Neuro-
   nen, sehen aus wie kleine Bäume. Eine Nervenzelle erinnert selbst
   in Einzelheiten ihrer Gesamtform an einen Baum.

2. Das menschliche Gehirn arbeitet in der Weise eines ständigen, wech-
   selseitigen Austausches von Sinneseinflüssen und geistiger Denk-
   arbeit, vergleichbar dem Nährstoff-Austausch zwischen Wurzel
   und Krone beim Baum. Auf komplizierteste und spezifischste Weisen
   verbinden sich Hunderte-Milliarden von Nervenzellen mit ihren Zweigen = Dendriten untereinander (griech. to dendron = Baum, Dendriten = Bäumchen).

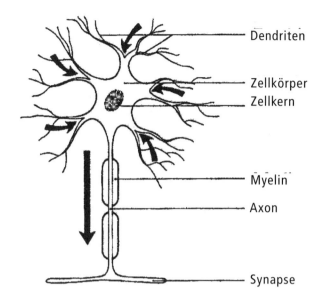

Dendriten

Zellkörper
Zellkern

Myelin

Axon

Synapse

Schematische Darstellung einer Gehirn-Nervenzelle (Neuron)
aus Fr. Cramer S.167

Das Verbinden von Gegensatzwelten, wie etwa von Wurzel und Krone, Herz und Kopf, von Fühlen und Denken, von Körper und Geist, ist eine ständig zu leistende Selbsterziehungsarbeit für den Menschen bis an sein Lebensende. Es bleibt uns als Menschen auferlegt, diesen Spannungs-Prozess harmonisch auszugleichen: er treibt unser Leben an und erhält es in vitaler, großer Schwingung – zwischen „Erde und Himmel" – (und nicht wie eine Waschmaschine, die sich immer gleich in ihrem geschlossenen Gehäuse dreht).

Nur wo zwei polare Wahrheiten einander entsprechen, gibt es gelingendes Leben. Vom Fühlen zum Denken werden im Gehirn kontrollierte Brücken geschlagen. Man hat sogar nachweisen können, dass ein gut ausgebildetes organisches Sensorium die Voraussetzung ist für eine höhere Intelligenz. Das besagt, was vorher im Gefühl war, überträgt sich leichter auf das geistige Erkennen. Für die Säuglings- und Kleinkind-Erziehung und Betreuung ist das höchst relevant. Sonderbarkeiten im Trieb- oder Gefühlsleben als auch im geistigen Bereich können sich positiv wie negativ auswirken. Wie nahe liegen manchmal z. B. Genialität und Wahnsinn oder intuitive Begabung und Naivität beieinander.

Die in neuerer Zeit um sich greifende „Verhirnung" des Menschen
bezeichnet der Dichter Botho Strauß (s. S. 30) als eine Art „Zerebral-
verschiebung der Erde", als eine „Geisteskrankheit der Moderne". Geht
doch die körperlich-sinnenhafte Entwicklung der seelisch-geistigen
Entwicklung des Bewusstseins und der Fähigkeit zum Begriffebilden
voraus. Solch höheres Bewusstsein ist eine ausschließlich dem homo
sapiens sapiens vorbehaltene Begabung. Dieses höhere Bewusstsein
erwächst aus dem einfacheren, primären, physischen Bewusstsein, es
überhöht und ergänzt dieses, kann es aber nicht ersetzen.

Das höhere Bewusstsein, das Bewusstsein des Bewusstseins, ist ein
geistiger Prozess. Es kommt zustande durch das Miteinander-Funk-
tionieren und das resonanzartige Zusammenklingen von mehreren
Hundert Milliarden neuronaler Schaltungen (Synapsen) im Gehirn.
Diese finden statt in den baumkronenähnlichen Verästelungen der einzelnen Nervenzellen, welche „Dendriten" heißen, also „Bäumchen".

Das Problem Nummer Eins der modernen Neuro-Biologie besteht
darin, diese hochentwickelten neuronalen und neokortikalen Schalt-
systeme und Resonanzen zwischen Gehirnsubstanz und Geist aufzusuchen, um von ihrem ständigen „Streben" zu lernen. Denn: das
wesentliche Merkmal der Gehirntätigkeit des Menschen ist seine KREA-
TIVITÄT.
    Die so großartige wie unergründliche, immer neu sich verzweigen-
de Kronen-Gehirn-Region des Menschen ist ein Zeichen dafür, dass
der Mensch sich geistig in einem ständigen Wachstums- und Auswei-
tungsprozess befindet – wie die kosmischen Galaxien auch.

Der Mensch ist Ausdruck endloser Bezüge; er ist nie am Ende, unten
wie oben. Baum und Mensch sind je für sich Archetypen, miteinander
verwandt und nichtverwandt, ähnlich und unähnlich zugleich. Die
hier vorgelegten Gedankengänge können die Einsicht unterstützen,
dass es notwendig der grundständigen, anfänglichen, also der archetypischen Bilder bedarf zum Verstehenlernen unserer immer differen-
zierter und vielschichtiger werdenden menschlichen Wirklichkeit.

Noch ein letzter Gedanke: Im Unterschied zur rein biologischen Natur
des Baumes kann der Mensch durch das spezielle, menschliche Gehirn

bis ins hohe Alter leistungsfähig, ja sogar hochleistungsfähig bleiben. Rita Levi Montalcini, die jetzt 96-jährige, italienische Hirnforscherin, hat noch mit über 70 Jahren den Nobelpreis für Medizin gewonnen und hat mit 89 Jahren ein Buch über die Chancen des Alters geschrieben. Dieses Buch trägt den bezeichnenden Titel: „Ich-bin-ein-Baum-mit-vielen- Ästen!" –, wobei es sich anbietet, diesen Titelsatz absatzweise in sich aufzunehmen und zu meditieren. Die Dichterin Hilde Domin legte 1999 aus Anlass ihres 90. Geburtstages einen weiteren Gedichtband in unsere Hände. Ihren weisheitsvollen Altersgedichten stellt sie die wunderbare Titelaufschrift voran: „Der Baum blüht trotzdem."

IV Bäume im
Alten und Neuen Testament
und ihre symbolischen Bedeutungen

Im Alten wie im Neuen Testament spielt der Baum eine durchgehend bedeutsame Rolle. Zuerst kommt er vor im Paradiesesgarten, also am Anfang des ersten Buches des Alten Testamentes, der Genesis, und er verabschiedet sich erst im letzten Buch des Neuen Testamentes, der Johannes-Apokalypse, wo von den Lebensbäumen im himmlischen Jerusalem berichtet wird (Offb 22,2.14). Hier haben die einziehenden Gerechten „ein Recht auf den Baum des Lebens", d. h. auf ewiges Leben. Der Einzug Jesu in das irdische Jerusalem, bei dem die Menschen zu seiner Huldigung Palmzweige in den Händen trugen, kann als eine Vorankündigung dieses feierlichen Einzuges in das ewige Paradies angesehen werden (Mt 21,8; Mk 11,8; Lk 19,36).

Zwischen diesen Polen erweist sich auch die symbolische Bedeutung von Baum und Säule als weitgespannt. Sie umfasst die biblische Wolkensäule, in der Gott das Volk Israel bei seinem Auszug aus der ägyptischen Sklaverei bei Tag und Nacht durch die Wüste und dann auch durch das Rote Meer leitete, als auch die liturgische Lichtsäule der Osterkerze, welche in der Osternacht feierlich besungen wird: Der auferstandene Christus ist der Osterbaum, der „arbor paschalis", das Bild für unbesiegbares Leben.

Als Bild eines Lebensbaumes auf rein biologischer Ebene steht gewissermaßen der männliche Phallus ganz am Anfang der menschlichen Geschichte. Auch die steinzeitlichen Menhire aus mythischer Zeit wollen männliche Zeugungskraft symbolisieren. Aus der Zeit des christlichen Mittelalters stammen zahlreiche allegorische „Baum-Jesse-Darstellungen". In ihnen erwächst aus dem Bauch Isais, des Vaters von König David, der Stammbaum des Königshauses von Juda, aus dem Jesus als göttliche Frucht, als Haupt der Kirche und als Herrscher einer universalen Welt hervorgeht.

Den Menschen betreffen drei Arten von Lebens-Stammbäumen. Neben dem persönlichen Familien-Stammbaum nimmt jeder Mensch teil an dem menschheitlichen Stammbaum, der etwa über den Neandertaler Menschentyp bis zum neuzeitlichen homo sapiens sapiens führt, und an dem heilsgeschichtlich-theologischen Stammbaum. Letzterer wird im ‚Weissenauer Heilsspiegel‘ zeitgemäß dargestellt als der Generationenweg von Adam bis zum verherrlichten zweiten Adam = Christus, dem „Urbild" und der „Vollendung" des Menschen (s. Farbtafel 1).

Die Baum-Jesse Darstellungen sollten die menschliche Natur in Jesus verdeutlichen. Phallus, Baum und Säule stehen in besonderer Zeichenhaftigkeit für geheimnisvolle Lebenskraft. Alle drei sind Symbole für aufstrebendes, zeugendes Leben.

Lebenskraft ist verbunden mit einer unaufhörlichen Bewegung in das Kommende hinein. Das Gegenbild ist die beim Zurückblicken zur Salzsäule erstarrte Frau des biblischen Lot (Gen 19,26). Lot war ein Neffe Abrahams. Er wurde mit seiner Familie bei der Flucht vor der Vernichtung durch Feuer und Erdbeben durch Engelhilfe bewahrt. Aber als sich Lots Frau entgegen der Anweisung der beiden Engel umwandte, um zurückzublicken in das brennende Chaos der Städte Sodom und Gomorra, erstarrte sie tödlich zu einer Salzsäule.

Jahrtausende schon vor der christlichen Zeit sahen Menschen im gleichschenkligen Kreuz ein Weltordnungs-Symbol. Das gleichschenklige, universale Weltenkreuz, der All-Baum, ist ein archetypisches Bild von Ganzheit und Heil. Es wurde von den Menschen schon früh erkannt als Strukturbild für die Energieströme in der Welt und auch in der eigenen Körpergestalt.

Im frühen Christentum war der Kreuzbaum ein Leidens- *und* ein Hoffnungszeichen, sah man in ihm doch auch das kosmisch-endzeitliche Thronbild des auf den Wolken des Himmels wiedererscheinenden Menschensohnes. In diesem Sinne galten Kreuz und Kreuzbaum keineswegs nur als ein Sinnbild des Leidens. Der Leidens-Aspekt wurde erst in der Gotik ausgeprägt.

Wie Wurzel, Stamm und Krone im Baum, so ist auch die Welt der Bibel auf das Unterirdische, das Irdische wie auf das Überirdische hin offen und durchsichtig. Für die Identifikation des einzelnen Menschen mit einem Baum finden sich in beiden Testamenten zahlreiche Hinweise, Beispiele und Gleichnisse.

Bäume im
Alten und Neuen
Testament
und ihre
symbolischen
Bedeutungen

Gleich im *1. Psalm des alttestamentlichen Psalmenbuches* ist bereits keimhaft die ganze biblische Anthropologie enthalten:

„Selig der Mensch, der Gerechte.
Er ist wie ein Baum, an Wasserbächen gepflanzt,
der zu seiner Zeit gibt seine Frucht,
und sein Laub welkt nicht." (Ps 1,3)

Die innere Welt des Menschen geht eng zusammen mit seinen Äußerungen, Haltungen, Gesten und Handlungen. Die Bibel kennt keinen Dualismus zwischen Körper und Geist-Seele. Der Mensch kann nicht anders leben, als sein Innerliches zu äußern.

„Der Gerechte", d. h. der naturgemäß „wie ein Baum", „gerecht" = „richtig" lebende Mensch, lebt ein fruchtbares Leben. Aus der Kraft des in ihm instinktmäßig angelegten, inneren Lebens-willens und aus dem Anspruch des Geistes kämpft er tagtäglich gegen Not, Hunger, Katastrophen und Krankheiten aller Art: er muss die Ordnung, die Bewältigung und Erhaltung seines Lebens den chaotischen Gegenmächten abringen. Er ist zum Überleben gefordert und fähig, denn er ist geistbegabt. Wo aber Geist ist, da ist Kreativität, ist „Fruchtbarkeit" und „Nichtverwelken", ist „Seligkeit" und Über-Leben möglich, wie es der Psalm ansagt.

Moses und der brennende Dornbusch (Ex 3,2 ff) (s. Farbtafel 2)

Zu diesem Thema gibt es in der theologischen Literatur zu Recht viele Beiträge. Geht es doch um ein bedeutsames Ereignis innerhalb der leidenschaftlichen Gottsuche des auserwählten jüdischen Volkes.

Im Buch Exodus 3,2 steht: „Gott redete mit Moses aus dem brennenden Dornbusch." Ob Moses dabei nur den brennenden Dornbusch sieht, oder mitten im Dornbusch den „Boten Jahwes", oder gar Jahwe selbst „sieht" und hört, gehört (nach Erich Zenger S. 62) noch zu den „Widersprüchlichkeiten, die nicht vorschnell aufgelöst werden dürfen". Wie dem auch sei, wichtig ist hier vor allem: *Aus dem Dornbaum heraus gibt Gott seinen Namen kund,* nennt Er den Menschen seinen ewig-unausdenklichen Namen: ICH BIN DA. ICH WERDE SEIN, DER ICH – DASEIN WERDE. (Ex 3,14) – Kein Mensch kann dieses

Hörbild erfassen, ehe er die ganze Tora und das ganze Neue Testament gelernt und geübt hat (vgl. E. Zenger S. 96).

Dieser dornige Wüstenbaum ist ein heißer, ja ein glühender Ort. In dem spektakulären Naturereignis eines brennenden und nicht verbrennenden Baumes bricht Gottes geheimnisvolle Immanenz und Transzendenz herein in den Horizont menschlichen Erfahrens.

Lange Zeit vorher war „der Herr dem Abraham bei den Eichen von Mambre erschienen" (Gen 18,1). Hier wie dort, einst und heute offenbart sich Gott an den einsamen Rändern dieser Welt. Er offenbart sich einzelnen Menschen im Abseits vom Trubel. Es geschieht an Orten, wo aus platter, wüster Erde ein Baum „aufsteht" oder – wie bei Jakob (Gen 28,12) – wo dem heimatlosen Verfolgten im Traum eine Leiter erscheint, die auf der Erde steht und bis in den Himmel reicht und auf der, in interner Bewegung, die Boten Gottes auf- und niedersteigen, ähnlich der inneren Stamm-Biologie eines Baumes.

In vielen theologischen Interpretationen wird die symbolhafte „Rolle des Baumes" schlicht übersehen und nicht beachtet, dabei wird doch der Baum den genannten Gotteserfahrungen unübersehbar und unüberhörbar, quasi adjektivisch zugeordnet!

Der jüdische Maler Marc Chagall hat in seinem großformatigen Ölgemälde „Moses vor dem brennenden Dornenbusch" (H 195; B 312 cm, Farbtafel 2) versucht, das Geschehen dieser außerordentlichen Gottesoffenbarung und seine Auswirkung auf Moses darzustellen. In seinem Bild malt Chagall noch viele Hinweise und Assoziationen dazu, doch für unser Thema gilt es vorrangig, darauf zu achten und festzustellen, dass und wie der anonym-weiße, landesfremde Schafhirt Moses (rechts im Bild) den Anruf Gottes wahrnimmt und wie er dadurch gewandelt wird zum herausgerufenen, charismatischen Führer eines neuen Volkes. Die Anlage des Bildes ist so, als habe das lodernde Baumfeuer in der Bildmitte das Innerste des Moses ergriffen und ihm eine eminente, seelisch-geistige Erweckung und Lebenskonzentration verliehen. Denn Chagall schenkt uns hier ein sehr vielschichtiges Bild. Moses erscheint gleich zweimal: vor und nach der an ihn ergangenen Berufung durch die Stimme Gottes aus dem brennenden und nicht verbrennenden Dornbusch. Die Bewegung des Bildes geht von rechts nach links gemäß der Schriftbewegung im Hebräischen. Der barfüßige, weißgekleidete, heimatlose Flüchtling und Schafhirte wird gewandelt durch das Feuer der göttlichen Stimme zum goldstrahlend-erleuchteten, charismatischen

Bäume im
Alten und Neuen
Testament
und ihre
symbolischen
Bedeutungen

Führer und Haupt seines jetzt noch „unter der Wolke" ungebärdig agierenden bunten Volkes. Moses wird es herausführen in ein geheimnisvolles, monochromes Blau und zum Bundesvolk eines unsichtbaren Gottes machen – unter der ordnenden Leitung der zehn steinernen Gesetzesweisungen. Der vibrierend-brennende Dornbusch, aus dem heraus Moses die Stimme und den Namen Gottes und auch seinen eigenen Lebensauftrag vernimmt, bildet das Zentrum des Bildes. Chagall hat der göttlichen Stimme eine Engelsgestalt, eine Boten-Gestalt gegeben, die in einem regenbogenfarbigen, dynamischen Lichtkreis erscheint wie eine ins Kosmische und Transzendente erweiterte Baumkrone. Denn jetzt leuchtet (auf der linken Bildseite oben) das Haupt des Moses hellgolden und sonnengleich über den ungeklärten, chaotischen Mächten von Meer, Wüste und Volksmenge. Dieser erleuchtete Moses scheint nun befähigt, jene im Bild vor ihm aufscheinenden, zehn heiligen Gesetze des Lebens in Empfang zu nehmen – in der Einsamkeit des wolkenumhüllten Sinai-Berggipfels.

Das Erwecktwerden zu neuen, persönlichen, spirituellen Energien scheint Gott an Orte gebunden zu haben und mit Orten zu verbinden, die offen sind gegen den Himmel wie auch offen zu den Energien der Erde hin.

Der baum-ähnlich gebaute 7-armige Leuchter, die MENORA, ist eines der wichtigsten Bildmotive der jüdisch-religiösen Kunst. Symbolisch gesehen, kann uns jeder Kerzenleuchter an die Gottesoffenbarung im feurigen Dornbusch erinnern. (s. Bild)

Als weiteres alttestamentliches Parade-Beispiel sei an die Geschichte erinnert, in der der Prophet Daniel dem König Nebukadnezzar einen ihn beängstigenden Traum deutet (Dan 4).

Nebukadnezzar schmückte die Stadt Babylon mit Bauten, die von Machtbewusstsein und Stolz strotzten. Er gilt auch als der Erbauer des neunzig Meter hohen Stufenturmes, mit dem er quasi den Himmel erreichen und gottähnlich wer-

Die Menora

den wollte. Dann aber träumte er eines Tages von einem Baum, der bis an den Himmel reichte, der prächtiges Laub und viele Früchte trug. In seinem Traum aber wird dieser Baum auf Befehl eines heiligen Wächters gefällt, der dazu spricht: „Über die Herrschaft bei den Menschen gebietet der Höchste." Daniel nun deutete dem verwirrten König diesen Traumbaum als sein Schicksalsbild: „Dieser Baum bist du, König!" Und so geschah es auch. König Nebukadnezzar wurde aus seiner Selbstherrlichkeit in tiefe Entwürdigung gestürzt und aus der Gemeinschaft der Menschen ausgestoßen. „Darum, o König", sagte Daniel ihm, „nimm meinen Rat an! Anerkenne, dass der Höchste im Himmel die Macht hat!" Nebukadnezzar wurde einsichtig und wieder als König anerkannt.

Auch **im Neuen Testament** sind zahlreiche Identifikationen von Mensch und Baum zu finden.

Fünf Beispiele dazu mögen dies verdeutlichen:

    1. die Gleichnisse vom Feigenbaum,
    2. die Erzählung von Zachäus, dem Oberzöllner,
    3. das Gleichnis vom Weinstock,
    4. das Ereignis von Golgota,
    5. das apokalyptische Bild des Lebensbaumes.

Zu 1)
In seiner Lehrtätigkeit verwendet Jesus oft Gleichnisse aus der Natur und aus dem täglichen Leben. Mehrmals erwähnt er den Feigenbaum als Sinnbild für den Menschen und seinen Glaubenszustand. Der unfruchtbare Feigenbaum steht für den ungläubigen Menschen: „Er verdorrt auf der Stelle" (Mt 21,18-22). Vom sprossenden Feigenbaum ist zu lernen, dass der Sommer nahe ist und dass der Baum bald Früchte bringen wird (Mt 24,32 und Mk 13,28). Ein unfruchtbarer Feigenbaum wird umgehauen oder verflucht (Mk 11,13; Lk 13,6-9).

Der Baum also ist der Mensch, und der verdorrende, unfruchtbare oder abgeschlagene Baum ist ein Mensch, der ins Verderben geht. Der Gerechte hingegen ist ein Mensch lebendigen Glaubens, der in seinem vollen Saft steht, in dem nichts welk oder abgestorben ist. Er ist einer, der Früchte bringen wird, weil er genügend Wasser hat und der von seinen Wurzeln, seinem Ursprung (lat. origo) her ausreichend Nah-

47

Bäume im
Alten und Neuen
Testament
und ihre
symbolischen
Bedeutungen

rung bekommt. Somit ist der Gerechte die Figur des eigentlich „origi-
nellen" Menschen.

In seiner Bergpredigt benutzt Jesus das Gleichnis des Obstbaumes,
um seinen zahlreichen Zuhörenden ein allgemeingültiges Kriterium
für gelingendes menschliches Leben an die Hand zu geben:

> *„Ein jeglicher Baum wird an seiner Frucht erkannt.*
> *Kein guter Baum trägt schlechte Früchte und*
> *kein schlechter Baum trägt gute Frucht.*
> *Der gute Mensch bringt aus dem guten Schatz seines Herzens Gutes*
> *und der böse Mensch dagegen Böses hervor."* (Lk 6,43.45)

Diese Gleichnissätze enthalten eine ganzheitliche Seinsethik, die am
Bild des Baumes konkretisiert wird. Lukas als Arzt überliefert sie am
ausführlichsten von allen vier Evangelisten. Jesus verkündet eine Le-
bensweisung, die dem Körper, dem Herzen und der Geistseele des Menschen heilsam entspricht. Die mystischen Erweckungen z. B. des *blinden* Bartimäus (Mk 10,46-52) oder des *reichen* Zöllners führen dies vor
Augen. Beide Male ist „Jericho" der Ort des Geschehens. Göttliche Geo-
graphie!

Zu 2)
In der Stadt Jericho steigt der reiche Zöllner *Zachäus* auf einen Baum,
um Jesus besser sehen zu können (Lk 19,1-10). Dieser Bericht wird durch
eine wunderschöne mittelalterliche Miniatur bewegend interpretiert
(s. Farbtafel 3): Vom Erdboden aus und aus der Menschenmenge heraus steigt der kleinwüchsige Oberzöllner Zachäus allein hoch auf
einen Baum. Jesus bemerkt ihn, schaut zu ihm hinauf und spricht ihn
mit seinem Namen an: „Zachäus, schnell, steig herab, denn heute muss
ich in deinem Hause bleiben, muss ich bei dir sein!"

Der grüne Maulbeer-Feigenbaum wächst aus einem grünen Bild-
grund heraus und hinein in den Goldraum der Bildmitte, und er reicht
mit seinen Zweigen in das tiefe Blau des Himmels, das auch im Kreuz-
nimbus Jesu erscheint. Das will andeuten, dass in der Person Jesu der
Himmel schon jetzt in der Menschenwelt gegenwärtig ist. Zachäus in
seinem blauen Untergewand und mit blauen Schuhen sucht und er-
sehnt diesen Höhenbereich und erhofft ihn „in der Person Jesu". Der
Hunger seiner Seele will mehr, als diese Erde bietet.

Hier in „Jericho" wird gewissermaßen der Sünden-Fall, der im ersten Paradies stattfand, zu Ende erzählt. Dort der Ungehorsam gegen-

über dem Gebot Gottes, das Sich-Verstecken vor Gott, der Rausschmiss
aus dem Gottesgarten und hier die Umkehrung:

Der Mensch will wieder Gott sehen und hören, und Gott möchte
bei ihm einkehren! Die Gestalten der Bibel leben in uns.

Die Baumbesteigung ist dabei eine auslösende und erlösende Tat.
Vielleicht muss man einfach Zivilcourage zeigen und auf einen
„Stuhl" oder „Baum" steigen bei der Suche nach der eigenen Wahrheit
und Richtigkeit.

Zu 3)

Ausführlich erklärt Jesus seinen Jüngern d a s B i l d v o m W e i n -
s t o c k (Joh 15,1-8). Er identifiziert sich ausdrücklich mit ihm: „ICH
BIN der wahre Weinstock!" In einem großen, reich ausgestatteten, romanischen Apsis-Mosaik, das die ganze Chorraumnische der Kirche
San Clemente in Rom ausfüllt, wird dieses Weinstock-Gleichnis Jesu
veranschaulicht.

Apsis-Mosaik der Kirche von San Clemente in Rom

Bäume im
Alten und Neuen
Testament
und ihre
symbolischen
Bedeutungen

Dargestellt wird ein Golgota-Kreuz-Baum, der einverwoben ist in das weitausgedehnte Zweigwerk eines Weinstockes. Kreuzesbaum und Weinstock wurzeln in den Quellwassern des ersten Paradieses. In den kunstvoll vernetzten, spiraligen Weinstock-Ranken üben Menschen und Tiere ihr Tagwerk aus.

Von der oberen Bildrand-Mitte her dringt ein bunter Strahlenkranz in das Bild hinein. Aus ihm heraus erscheint die Hand Gottes, welche einen Siegerkranz mit dem Kreuz verbindet. Das Lebensopfer Jesu heilt die zerstörte Lebensader zwischen Gott und den Menschen.

Jesus wird in dieser Darstellung zur Mittlergestalt zwischen Himmel und Erde. Indem Jesus sich mit dem Kreuzesjoch beladen lässt, trägt er das Kreuzesholz hinein in die Verwandlung zum Weinstock-Lebensbaum und zur Siegessäule.

Jesus erscheint als eine immerwährende Rebfrucht. Der ans Kreuz genagelte Jesus hängt in den Zweigen eines mütterlichen Fruchtbaumes. In kosmischer Symbolik verkörpert Jesus am Kreuzesbaum die gekreuzigte Mutter Erde, die doch täglich aufersteht. Jesus, der von sich sagt: „ICH BIN DAS LICHT DER WELT" (Joh 7,12 u. Joh 9,6) stirbt am Kreuz in der Finsternis wie ein Samenkorn, weshalb wir alle leben und Leben haben. Im Mysterium von Golgota verwandelt sich Untergang in Aufgang. (In dem späteren Kapitel über Baum und Säule wird dieses herrliche Mosaik von San Clemente noch weiter besprochen, s. S. 66.)

Zu 4)

Auf Golgota geht Jesus selbst in die existentiellste Identifikation mit einem Baum hinein. *Das Kreuz symbolisiert den wahren Baum* und *der Gekreuzigte den wahren Menschen.* Im Kreuzigungsbild von Matthias Grünewald (Farbtafel 4) wird dies eindringlich vor Augen geführt. Es zeigt Jesus als Angenagelten an zwei groben, gekreuzten, toten Holzbalken. Seine Arme und Beine sind ausgereckt in die Waagerechte und Senkrechte wie Weltachsen. Ein in verfinsterter Sonne (vgl. Lk 23,45) sterbender Mensch an einem toten Baumstamm: Welt, Mensch und Baum im Todesstadium. Doch es geschieht auf Golgota Unerhörtes, worauf der Zeigefinger des Johannes aufmerksam machen will: Dieser Tod ist kein Ende! Hineinsterbend in die vergängliche Welt überwindet Jesus ihre Todesbegrenztheit. Der pflanzliche und tierische Naturbereich wird integriert und transformiert zum Wesensanteil eines geistig-seelischen und ewigkeitsbestimmten Menschseins.

Das Kreuz Jesu enthält zwei Bäume, den Todesbaum und den Lebensbaum. Der Todesbaum nach nur-irdischer Natur wird auf Golgota zu einem Lebensbaum in „Geist und Wahrheit". Paulus verdeutlicht dies mit folgenden Worten: „Wenn ihr nur nach der Fleisches-Natur lebt, werdet ihr sterben; wenn ihr euch aber vom Geiste Gottes leiten lasst, werdet ihr leben" (vgl. Röm 8,13).

Die Entstehung des Christentums vor 2000 Jahren entzündete sich am Osterereignis von Tod und Auferstehung Jesu und an der Frage: Auferstehung, aber wohin? Der neutestamentliche Osterglaube antwortet nicht nur mit der Auskunft „zur Rechten des Vaters", sondern mit der viel zu wenig beherzigten: „in uns hinein" (vgl. E. Biser, S. 175).

Mit dieser Antwort gerät die Identifikation von Mensch und Baum in ein neues Licht und in eine neue Dimension. Das ist Ostern von innen, Auferstehung hier und heute. Davon spricht auch das Gedicht „Auferstehung" von Marie-Luise Kaschnitz (s. Anhang S. 97):

> *„Manchmal stehen wir auf,*
> *Stehen wir zur Auferstehung auf,*
> *Mitten am Tage*
> *Mit unserem lebendigen Haar,*
> *Mit unserer atmenden Haut."*

Jesus, der Lebensbaum in Geist und Wahrheit, ist selbst das neue Paradies in Person, wenn er sagt: „Ich lebe, und auch ihr werdet leben" (Joh 14,19). In der Verbindung mit dem auferstandenen Christus wird der Lebensbaum zu einer personalen, geistigen Wirklichkeit.

Zu 5)
Das Holz des Kreuzes wird zum Baum des Lebens: Gen 2,9; Offb 2,7! Der Lebensstrom des Blutes geht nachösterlich statt vom sterbenden Körper Jesu vom weißstrahlenden, aber verwundeten Lamm aus, welches rechts unten im Bild von Matthias Grünewald erscheint. Das Lamm mit dem Banner des Kreuzes ist das endzeitliche, apokalyptische Bild für den auferstandenen Sieger Christus. Göttlicher Geist ist Leben. „Selig, die ihre Kleider waschen im Blute des Lammes, damit sie ein Recht haben auf den Baum des Lebens" (Offb 22,14).

Bäume im
Alten und Neuen
Testament
und ihre
symbolischen
Bedeutungen

Der Baum als natürliche Lebensganzheit gibt das Vorstellungsbild ab für den geistigen Lebensbaum, der nicht mehr nur aus Erdwurzeln und Quellwasser sein Leben und Wachstum aufbaut, sondern der auch lebt aus göttlichem Geist.

Im letzten Kapitel der Geheimen Offenbarung wird über den Baum des Lebens noch folgendes berichtet: „Vor dem Thron Gottes und des Lammes stand *in zwei Reihen* der Lebensbaum, *der zwölffach Frucht bringt.*" Jeden Monat trägt er also seine Frucht, und „die Blätter des Baumes" (Offb 22,2). Im symbolischen Sprachstil der Bibel wird damit gesagt: Der apokalyptische Lebensbaum steht nicht allein, sondern in zwei Reihen, ähnlich wie in einer Allee. Dies bedeutet zunächst Verdoppelung, aber gleichzeitig auch, dass Polaritäten des natürlichen Lebens jetzt zusammengeschlossen sind und in gleicher Ranghöhe stehen, etwa z. B. männlich - weiblich; König - Sklave; Priester - Laie; Christ - Heide. Dass der Lebensbaum „zwölffach Frucht" bringt, zeugt von einer gewaltigen Quantitäts- und Qualitäts- steigerung: er bringt andauernd, also ewig Früchte hervor, und noch sei- ne zahllosen Blätter können Menschen- und Erdenwelt gesund machen.

Die Apokalypse versteht sich als „Enthüllung" dessen, „was jetzt ist und was später kommen soll" (1,19), und zwar in Anknüpfung an das Jetzige. Alles hängt zusammen, alles Seiende korrespondiert durch die verschiedenen Ebenen hindurch. Somit gilt auch umgekehrt: Was für die Zukunft und das Ende prophezeit wird, lässt sich bereits im Jetzi- gen, im Zeitlichen, erahnen, es kann auch im Heutigen schon aufblit- zen, wie es ja auch im Hiesigen schon „Sternstunden" und „Er- leuchtete" gibt.

*Die vielen Aspekte dieses Kapitels
sollen noch einmal zusammen geschaut werden:*

Die jüdisch - christliche Religion versteht den Menschen als ein Wesen, das in der Welt unterwegs ist mit dem Problem seines Sterben - Müssens.
Der Baum mit seinem natürlichen Wachstum verkörpert diese Lebenswanderschaft zwischen Erde und Himmel, zwischen Leben – Tod – Wiederaufleben. In seinem winterlichen Abster-

ben und seinem Wiedererwachen im Frühling ist der Baum ein Hinweis auf den Wandlungs-Charakter allen Lebens.

Baum und Mensch finden im österlichen Lebensbaum ihre Vollendung. Der immergrünende Baum ist das biblische Symbol für die erwachte Geistnatur des Menschen und für das Land des Lebens, das Paradies.

In der Bibel wickelt sich dieses heilsgeschichtliche Wandlungs-Drama in folgenden drei Bildern ab – wie gesagt, biblische Sprache ist bildhaft-symbolisch, sie umfasst Natur und Übernatur, Gestalt und Geist:

1. Hybride Selbstsucht des Urmenschen verursacht die Vertreibung aus dem Baum-Paradies der Gottesnähe und Gottesfreundschaft.

2. Der menschliche Schicksalsweg pendelt zwischen Gedeih und Verderb, wie es die Gleichnisse vom Feigenbaum veranschaulichen.

3. Im Sieg über den Tod erweist sich Jesus als der „wahre" Lebensbaum. In der Person Jesu öffnet sich erneut das Paradies.

In dem volkstümlichen Brauchtum, zu Weihnachten einen grünen Tannenbaum mit Kerzenlichtern und bunten Süßigkeiten und Glitzerdingen zu schmücken, vollziehen die Menschen eine Ineinssetzung von Weihnachtsbaum und Paradiesesbaum. So erscheint im geschmückten, immergrünen Tannenbaum Jahr um Jahr erneut der paradiesische Lebensbaum als unverwelkliche Erinnerung und Verheißung – aller winterlichen, irdischen Dunkelheit und Starre zum Trotz. Sein Durchlässigsein für Licht und immergrünes Leben macht das „Wunder" unseres Weihnachtsbaumes aus. Er repräsentiert in einem: Weihnachten, Golgota, Ostern und das neue Paradies.

Weihnachten und Ostern sind durch ihre je besondere Baumsymbolik miteinander verbunden. Wie der Fall Adams und Evas den Tod, d. h. den Verlust des Lebensbaumes mit sich brachte, so wird mit dem Weihnachtsfest seine Wiederaufrichtung im Sinnbild des Kindes und des Christbaumes gefeiert. Der symbolische Schmuck speziell von Rosen und Äpfeln weist darauf hin. In und aus einem Baum heraus gibt Gott zu allen Zeiten neu Kunde von sich.

Bäume im
Alten und Neuen
Testament
und ihre
symbolischen
Bedeutungen

Ein altes Weihnachtslied bringt in zwei kleinen, schlichten Strophen die ganze christliche Heilsgeschichte ahnungsvoll ins Bild und ins Wort:

„Und unser lieben Frauen,
Der traumete ein Traum,
Wie unter ihrem Herzen
Gewachsen wär' ein Baum.
Kyrie eleison.

Und wie der Baum ein Schatten gab,
Wohl über alle Land,
Herr Jesus Christ, der Heiland,
Also ist er genannt.
Kyrie eleison."

Das Jesuskind wächst wie ein Baum aus dem Schoße Mariens heraus. Maria wird symbolisch zur Erd-Mutter, ihr Herz zur mystischen Geburtshöhle und der „Schatten"-Baum von Golgota zum heilenden und lichtstrahlenden, personalen Oster- und Lebensbaum.

Anlässlich so verstandenen Weihnachtsfestes bedarf es keiner anderen Geschenke.

V Baum und Säule –
Die Säule als stilisierter Baum

Die Entwicklung der Säule verdankt sich der großen Baumverehrung in der arabischen Wüstenwelt, wo die Bäume rar und teuer waren. Ägypten wurde das Entwicklungsland der Steinsäule als Kunstbaum. Aus zuerst eckigen wurden runde Säulen. Dieser Übergang ist zu sehen etwa in den Bauten des Alten Reiches um 2700 v. Chr. unter König Djoser im Grabbezirk bei Saqqara unweit der Pyramiden. Der Pharao Thutmosis I. (1506-1494 v. Chr.) ließ noch einen Säulenhof aus Holzsäulen bauen, die ein Holzdach trugen. Die späteren Tempelbauten von Luxor und Karnak oder der Ramses-Zeit zeigen bereits fünfschiffig gebaute Stein-Säulenhallen mit beispielsweise 136 gewaltigen Säulen, Säulen-Wäldern, die noch heute in Resten zu bestaunen sind. Die gigantischen Säulen aus dem Mittelschiff von Karnak haben 24 m Höhe und einen Durchmesser von 3,30 m. Sie tragen Kapitelle von geschlossenen oder offenen Papyrosdolden oder Lotosblüten.

Wer einmal Ägypten besuchte, der versteht und weiß: Der Baum, die Säule, das ist der Gott! Hier erscheint Göttliches! In der Säule repräsentieren sich Erde und Himmel als die Pole, zwischen denen die vom Pharao-Gott-König regierte Welt angesiedelt war. Auf den Wänden der Säulen wurden durch Scrafitti die Taten des Pharao quasi verewigt.

Der Baumstamm wird – als Säule – zur statischen Grundbedingung für den Hausbau und schließlich für die Baukunst schlechthin. Sesshaftigkeit und architektonisches Bauen bedingen sich gegenseitig. Das repräsentative Wohnen von Göttern und Königen in Tempeln und Palästen und das Behaust-werden auch des einfachen Menschen auf dieser Erde fußt letztlich auf der technischen Nutzung des Baumes als dachtragender Säule.

In der muslimisch-arabischen Welt wurde die Erscheinungsform der Dattelpalme zum Vorbild für die Säulen- und Tempelgestaltung. Die Mezquita von Cordoba (785-1000 n. Chr.), das kulturelle und religiöse Zentrum des Islam im Westen, zeigt eine reine Palmenarchitektur.

Innenraum der Omaijaden-Moschee „La Mezquita" in Cordoba, Spanien, 785 bis 10. Jh.

Diese Moschee galt im 10. Jh. als das Mekka des Westens. Eine ein-
zigartige Einheit von Säulen und Bögen verleiht der Moschee ihr
geheimnisvolles, orientalisches Gepräge. Wie zu einem steinernen
Wald versammeln sich die edlen Marmorsäulen mit ihren weißrot-
durchbrochenen Bögen, die sich im Wechsel von Licht und Schatten
ins nahezu Unendliche zu verlaufen scheinen.

Der Wechsel von roten und weißen Steinen ist wie der Wechsel von
Licht und Schatten bei den Palmbaumblättern. In einem Bild aus der
Beatus-Apokalypse (um 1000 n. Chr.) erscheint dieser Wechsel wie
der von dumpfer Unwissenheit zu lichter Offenbarung. Die Auswirkung dieser Palmenarchitektur reicht hin bis zu den karolingischen
und romanischen Domen und Basiliken wie Aachen, Vezelay und den
Kirchen auf der Insel Reichenau u. a. m.

Johannes und der Engel, Eingangsvision der Beatus-Apokalypse, Handschrift aus
der Schatzkammer der Kathedrale von Gerona (Spanien), folio 70v, 975 n. Chr.

In dieser Szene sinnbildet die noch geschlossene Baumkrone die Unwissenheit und Unvorbereitetheit des „Knechtes" Johannes angesichts
des großen Auftrags. Die offengefächerte Palmbaum-Krone jedoch weist
hin auf die nun zu erfolgende Offenbarung der Geheimnisse vom Ende
der Zeit durch den Engel im Auftrag Gottes. Unwissen und himmli-
sche Weisheit stehen sich in diesen beiden Gestalten und den ihnen
zugeordneten Bäumen gegenüber.

Anmerkung: Die Sumerer (3000 v. Chr.), die Phönizier und auch die Griechen sahen
in der *Dattelpalme ein Symbol des „Lebensbaumes"* (= der Vegetativkräfte). Die hoch
in den Luftraum aufragende und tief im Grundwasser ankernde, heilig gehaltene
Nähr- und Baumpflanze des ganzen vorderen Orients wurde in den Oasentälern von
Euphrat und Tigris gezüchtet (heutiger Irak).   57

„Palme der Jakobiner", Toulouse, Jakobinerkirche, 13./14. Jh.

Die „Palme der Jakobiner" in der hochgotischen Jakobinerkirche verrät schon durch den Namen die Einflüsse aus der St. Jakobs-Wallfahrt nach Santiago de Compostela und aus dem Orient (Kreuzzüge). Was hier für die Architektur gilt, gilt auch für die Säule: Je höher der Bau, umso geistiger.

Diese lichte Säule zwischen Himmel und Erde erscheint wie ein geistiger Baum, der sich im Kreuzrippengewölbe vielfältig bündelt und auseinander verzweigt. Das Licht des Überirdischen lässt diese Säule zum Symbol für Christus werden: Er ist der Eckstein, ohne den der ganze gewagte Bau einstürzen würde. Wie diese Christus-Säule in der Kirche über das Rippen-Gewölbe alles zu durchströmen scheint, so überträgt sich unwillkürlich dieser Eindruck auf den betrachtenden Menschen hinsichtlich seiner eigenen Wirbelsäule und seines Knochen- und Nervensystems.

Baum und Säule – Die Säule als stilisierter Baum

Kreisförmig angeordnete Steinsäulen erinnern an heilige Götterhaine. Bis in magisch-mythische Kulturen lassen sich solche Anordnungen zurückverfolgen. Erinnert sei an das prähistorische, südenglische Stonehenge (3.-2. Jt. v. Chr.), wo riesige, säulenartige Stein-Menhire verbunden sind zu zwei konzentrischen Kreisen, die um einen Altarstein herumstehen. Stonehenge war vermutlich ein astrologisches Sonnenheiligtum der Kelten und Druiden.

Die prähistorischen Steinkreise von Stonehenge (Südengland) aus dem 3.-2. Jt. v. Chr.

In den von Säulen getragenen Chorumgängen vieler romanischer und gotischer Kirchen wird somit ein jahrtausendealter Götterhain- und Sonnen-Kult überliefert und – oft unbewusst – bewahrt und integriert. Dazu sind uns in der frühromanischen Michaelskirche von Fulda (8. Jh.), in der Kirche Saint Germain des Prés in Paris (11. Jh.) und in der römischen Kirche Santo Stefano rotondo besonders beeindruckende Beispiele erhalten geblieben.

Damit wird deutlich, Säulenkirchen symbolisieren urtümliche Götterhaine. Wer darum weiß, spürt noch etwas von dieser Schwingung. Der geweihte Raum einer Kirche mit ihrem Altarzentrum verkörpert eigentlich eine Oase, eine Quelle im ansonsten „wüsten" Land. Von dieser heiligen Mitte zehren und zeugen zu allen Zeiten die umstehenden Baum-Säulen und/oder Menschen-Säulen.

Über solche Säulenarchitekturen und ihre Symbolik ist es möglich, dass heute – trotz einer weithin im Profanen aufgegangenen Welt – einzelne Menschen durch ein neuerwecktes Symbolverständnis etwas vom mythischen Schauder eines heiligen Bezirks empfinden können. Der heilige Bezirk (lat. FANUM; griech. TEMENOS) ist ursprünglich ein kultischer Begriff. Das PRO-FANE war das außerhalb des geweihten Bezirks Liegende, es war in mythischer Sicht der Gegen-Ort zum Heiligen und Allerheiligsten, zu dem nur Eingeweihte zugelassen waren. Pro-fanieren heißt heute soviel wie „entweihen", „entheiligen".

Heute werden Kirchenräume oft als Konzertsäle benutzt. Musik gehörte immer schon zum Kult; aber wer vermag heute diese Zusammenhänge noch zu realisieren? Es gilt die magisch-mythischen Elemente der religiösen Kult-Räume (Räume im weitesten Sinn) erneut ins Gedächtnis zu rufen, zu respektieren und zu integrieren. Das Fanum und das Pro-fane differenzieren zu können, gehört zu den wichtigsten und höchsten Fähigkeiten des geistbegabten Menschen, des homo sapiens sapiens. Diese spirituelle Sensibilität bereichert ungeahnt, anstatt im Nur-Profanen immer weiter zu verarmen.

Michaelskapelle in Fulda, 822 n. Chr.

Dieser zentralisierende Bau in Fulda ist ein Juwel karolingischer Baukunst. Er wurde errichtet als eine Nachbildung der Grabeskirche zu
Jerusalem. Die Mönche feierten in ihm ihre Totenliturgien. Von den
mythisch-solaren Wurzeln einer solchen dreistufigen Rundbau-Archi-
tektur mit Krypta, Säulenkirche und Kuppel wusste man zur damaligen Bauzeit nichts mehr, denn die acht Säulen deutete man nicht
natur-kosmisch als Baumsymbole, sondern allegorisch als die acht
Seligkeiten. Heute stellen sich vor allem in Verbindung mit der Licht-
Kuppel-Symbolik Assoziationen auf ein kosmisch-mythisches Baum-

61

Sonnen-Heiligtum ein. Christus, das Licht einer unvergänglichen Sonne, beleuchtet von oben her den Altar und den „heiligen Kreis". Mythos, Symbolik und christlicher Ritus sind in Fulda geistig vereinigt, und: sie verstärken sich gegenseitig.

Sterne als ausschmückende Deckenmalerei finden sich schon in ägyptischen Tempeln, in vielen Moscheen und in vielen christlichen Kirchen. Besondere Beispiele dafür sind der ägyptische Tempel von Dendera, wo sogar astronomische Sternbilder abgebildet wurden, das frühchristliche Mausoleum der Galla Plazidia in Ravenna, die romanische Deckenmalerei in Saint Sernin in Toulouse (11.-12. Jh.) oder die hochgotische Saint Chapelle in Paris, deren dunkelblaue Decken mit goldenen Sternen übersät sind.

Die Säulenkapitelle

Säulenkapitelle stellen jeweils den Übergang dar von der jenseitigen Sternen- und Himmelswelt hin zur Erdenwelt, dem menschlich-begehbaren Raum. Das mit Akanthus-Blättern geschmückte Kapitell aus der griechisch-byzantinischen Kunst (als Vorbild gelten die Marmor-Säulen der Hagia Sophia in Istanbul) wird mit der Zeit zur herrschenden Form in Renaissance, Barock, Rokoko und Klassizismus. Als Beispiel sei hingewiesen auf die barocke Säulenbasilika im oberschwäbischen Weingarten, wo die weißen Wände und Säulen in der Zone der Kapitelle übergehen in eine bunte Deckenmalerei mit himmlischen Szenarien. Wie die lichtdurchströmten Baumkronen in der Natur, so sinnbilden die mit Pflanzenmotiven geschmückten Kapitelle der Kirchensäulen den Übergang ins Transzendente. Kapitelle geben somit Zeugnis von den geheimnisvollen Übergängen zwischen der gegenständlich-irdischen Welt in den Kronen-Bereich der Transzendenz, als dem Bereich des Jenseitigen, des „Uns-Übersteigenden", wie Rilke poetisch verdeutlicht.

Das Kapitell (= Köpfchen von lat. caput = Kopf) bildet einerseits das Ende des Säulenstammes, und andererseits bildet es wieder die Basis für die im Raum über ihr in Bögen/Zweigen sich ausbreitende Dach- und Kronen-Region, vergleichbar der oberen Halsregion beim Menschen. Das Kapitell ist gewissermaßen das Gelenk im Organismus der

Säule. Als Gelenk hat es eine doppelte Funktion: es wird niederge-
drückt, es stützt, und es zieht in die Höhe.

   „Säulen, das strebende Stemmen", singt Rilke in seiner Siebten Dui-
neser Elegie.

Kreuzgänge und Kapitell-Plastiken

Kreuzgänge, wie sie in Europa noch in vielen alten Klosteranlagen zu
finden sind, symbolisieren für die Mönche den Paradies-Garten, eine
von Ruhe und von Gottes mystischer Anwesenheit erfüllte Welt, in
der sie, in ihr wandelnd, neue Kraft schöpfen. Verzierte oder gemus-
terte Säulchen und Säulchenpaare, verbunden mit Bögen, ersetzen die
Naturbäume. Sie erzeugen die Atmosphäre eines heiligen Hains.

Es konzentriert und kristallisiert sich in den Kreuzgängen, was Kirchen und Klöster darstellen: Orte der Abgeschiedenheit vom Trubel
der Welt, der Stille, der Geborgenheit und der intimen Kontemplation.
Deshalb kennzeichnet die Architektur des Kreuzganges auch das kleine Maß, das bezogen ist auf den einzelnen, ortsgebundenen Mönch.
Entsprechend wurden die Kreuzgänge und besonders ihre kleinen,
nahen Säulen und ihre fast augenhohen Kapitelle mit der Zeit durch-
weg künstlerisch und geistig anspruchsvoll gestaltet und thematisch
komponiert. Dadurch gewann und gewinnt das Kapitell in der Baukunst eine ganz neue Beachtung und Bedeutung.

Der Mensch der romanischen Epoche dachte nicht nach über die
Natur, sondern er stand noch unreflektiert in ihr und erlebte ihre
Kräfte in sich selbst. So sahen die damaligen Menschen und vor allem
die Mönche in der Zone des Kapitells ihren eigenen Standort im Kosmos des Lebens angesiedelt: Als im Kampfe stehend gegen die unteren
Natur- und Triebgewalten – verkörpert in den Pflanzen- und Tier-
motiven – und zugleich sich befindend auf einem Übergangsweg der
Läuterung und Reinigung aus dem Chaos der bösen Welt zum reinen
Lichthimmel. Die Kapitell-Plastiken der reifen Romanik symbolisieren
in fast allen Bildprogrammen die Bändigung des Tierischen durch die
überlegene, geistige Kraft des gotterfüllten Menschen: also das christliche Michaels- und Georgs-Thema, welches anknüpft an das heid-

nisch-antike Herkules-Motiv. Nach den pflanzlich-tierischen halten
zunächst geometrische Symbolformen, dann jedoch biblische Gestalten und schließlich ganze biblische Geschichten Einzug in die Bild-
programme der Kapitell-Plastik.

Die folgenden zwei Bilder zeigen Seitenansichten eines Kapitells
aus der französischen Hochromanik.

Der Einzug Jesu mit seinen Jüngern in Jerusalem

Zwei Seiten eines Kapitells vom Nordflügel des Kreuzganges der Kirche
von Estany, Prov. Barcelona, nach 1150 n. Chr.

Das Motiv des Einzugs Jesu mit seinen Jüngern in Jerusalem drückt
symbolisch aus, wie sehr sich der Mensch in seiner Existenz einer
Gelenkzone zwischen Erde und Himmel zugeordnet fühlte und sich
dessen auch mehr und mehr bewusst wurde. Die Kapitell-Figuren der
Jünger stehen auf einer runden Basis, die mit einem Wulst den runden Säulenstamm oben abschließt. Zu seiner oberen Kante hin weitet
sich das Kapitell zu einem Quadrat, welches übergeht in die Trage-
konsole für das Bogen-Gewölbe.

Die eine Seite dieses katalanischen Kapitells zeigt eine Reihe in
ganzer Körperlänge plastisch herausgearbeiteter und hintereinander-

gereihter Apostelfiguren. Palmzweige in ihren Händen haltend, zie-
hen sie mit Jesus ein in die Stadt Jerusalem, welche durch ein Haus-
fenster repräsentiert wird, und – symbolisch vorausweisend – auch in
das endzeitliche Jerusalem-Paradies.

Jesus reitet auf einer Eselin, die ihr Füllen bei sich hat. Vor ihm breitet ein Mensch sein Kleid aus. Es ist sogar ein ganzer Baum abgebildet, auf den ein Mensch hinaufgeklettert ist, um Jesus besser zu sehen
und um ihm mit einem Palmzweig wie einem Sieger zu huldigen. Ein
Meisterwerk romanischer Kapitellkunst und Bildkomposition! –

Der Kreuzgang von Le Puy, Haute Loire, Frankreich, 11. Jh.

Die Aufsicht auf diesen schlichten Kreuzgang der Kathedrale von Le Puy
legt folgende Interpretation nahe: Indem der einzelne Mönch/Mensch
den Kreuzgang still-meditierend durch- und umschritt, umwandelte
er zugleich das geometrisch in der Mitte angelegte Kreuz mit seinen
vier auch kosmisch zu deutenden Enden und einen durch Brunnen

65

oder Baum markierten Mittelpunkt. Das Kreuz als Symbol aber hat seine Kreuzung von senkrechter und waagerechter Kraftlinie in der Gelenkzone seiner Mitte, die gewissermaßen auch eine Kapitellzone ist. Es scheiden sich in der Kreuzmitte, wie bei Säulen und Bäumen, Unteres, Oberes und Seitliches voneinander.

Wenn ein heutiger Mensch einen viereckigen Kreuzgang meditierend umschreitet oder meditativ einen solchen betrachtet, kann er von der Erfahrung überrascht werden, dass er gewissermaßen sein eigenes Existenzmuster und seine eigene Körperaura dabei wahrnimmt und innerlich spürt. Eine solche Erfahrung ist allerdings erst in der Moderne möglich geworden. Sie führt über das Kreuz von Golgota und die Kreuzmystik der Romanik und Gotik hinaus in den existentiellen Bereich, wo verstanden werden kann: Das Kreuz ist der Mensch! Der moderne Mensch erkennt sich, nicht zuletzt durch die Raumfahrt-Perspektive, als integriert in kosmische Dimensionen. Er verspürt als im Kreuzgang Meditierender die im Kreuz inhärenten gegensätzlichen Pole der Wirklichkeit von Leben und Tod und setzt sich ihnen aus. Doch, indem er von Pol zu Pol weitergeht, verbindet, integriert und überwindet er in sich die zerstörenden Einseitigkeiten von Waagerecht und Senkrecht, von Diesseits und Jenseits, von Tod und Leben, von Erde und Himmel. –

Mit einer nochmaligen Betrachtung des großen *Apsis-Mosaiks von San Clemente in Rom* soll die Besonderheit des Baumes unter allen Kreationen der Schöpfung noch einmal herausgestellt und bedacht werden. Aufgrund seiner natürlichen Gestalt und seiner natürlichen Wandlungsdurchgänge bildet der Baum hier quasi die Hintergrundkulisse für das natürlich-übernatürliche, allumfassende Heilsdrama der Welt- und Menschheitsgeschichte zwischen Ur-Paradies und End-Paradies, zwischen diesseitigen Königsstätten und Siegerpodesten einerseits und der jenseitigen, universalen, unfassbaren Größe und Herrlichkeit des biblischen Gottes andererseits.

Dieses hochromanische Apsis-Bild greift zurück auf byzantinische Einflüsse und zeigt älteste Darstellungsformen der christlichen Heilsgeschichte. Es gehört mit seinem ausgeglichenen Spiel zwischen goldenen

Apsis-Mosaik aus der Oberkirche von San Clemente, Rom, 12-13. Jh.

und bunten Marmorstücken und Glas und mit seiner *durchkompo-
nierten Theologie des Baumsymbols* zu den erhabensten Schöpfungen
der christlichen Kunst.

Das beherrschende Thema ist die Gleichsetzung von paradiesischem
Lebensbaum mit dem Todesbaum des Kreuzes und mit der Säule des Siegers. Alle drei „Monumente" wachsen aus einer gemeinsamen Wurzel
heraus und werden in der Gestalt Jesu personal. Der herabsteigende
Jesus ist auch der emporsteigende, der sterbende Jesus ist auch der Sieger, dem ein belaubter Siegerkranz von oben gereicht wird. Die göttliche
Retterhand entreißt ihn der Nacht und Macht des Todes und führt ewig-
göttlichem Leben entgegen. Bildgewordene Durchlässigkeit!

Das paradiesische, labyrinthhaft-arabeske Rankenwerk umspielt die
harte Dornenraute, die aus dem Kreuz kommt. Das tot-schwarze, kan-
tige Kreuz wird von einem grünenden Lebensbaum umfangen. Dieser   67

Lebensbaum wird als weit ins Universum ausrankender Weinstock gezeigt, gemäß der Weinstock-Rede Jesu: „ICH BIN der Weinstock, ihr seid die Reben" (Joh 15). Der sterbende Gott-Mensch errettet das All. Die Welt lebt davon, dass ein Gott an einem Baumstamm stirbt. Der an den Todesbaum Gehängte wird zur Lichtsäule des Siegers. Der in seiner Licht-Aura Leuchtende ist der durch das Kreuz Hindurchgegangene: *der vollendete Mensch, der „arbor paschalis, der Osterbaum"! –* Aus einem Baum heraus entbirgt sich das Geheimnis Gottes.

Zwei kleinere Motive des römischen Apsisbildes werden abschließend das Bild des Baumes noch etwas erweitern:

   a) die zwölf weißen Tauben auf dem schwarzen Kreuzesstamm,
   b) die Tore von Betlehem und Jerusalem.

Zu a)
Die weißen Tauben sollen einerseits die Getauften repräsentieren, die in Jesu Opferblut Gereinigten. Zum anderen aber: *Tauben sind Baum-Vögel,* fluggewandt und orientierungsbegabt über große Entfernungen hin. Auch das antike Symbol des Seelenvogels klingt an. Der als Licht-taube aus dem Körper scheidenden Seele begegnen wir in frühchristlichen und spätgotischen Heiligenleben wiederholt. Auch unser Volkslied „Wenn ich ein Vöglein wär' und auch zwei Flügel hätt', flög ich zu dir!" versteht sich dahin, dass unser Herz nicht Ruhe findet, bis unser „innerer, schöner Vogel", die Seele, auf den Schwingen seiner Lichtnatur ins Herz des oder der Geliebten oder in die Heimat des Paradiesbaumes zurückgefunden hat. „Komm, meine Taube", ruft der Bräutigam des Hohenliedes (Hl 2,10.14).

Zu b)
Durch die beiden Tore von Betlehem (links unten) und von Jerusalem (rechts unten), also die Orte von Geburt und Tod, wird die waagerechte, irdische Lebensspanne Jesu dargestellt. Mitten dazwischen steht das endzeitliche Christus-Lamm. Dieses befindet sich im Gelenkpunkt zur senkrechten Lebensachse Christi, die von der Wurzel des Paradies-Baumes ausgeht und über den Kreuzes-Baum hin zu seiner Verklärung führt als segnendem Herrn der Geschichte im Firmament, mit dem geschmückten Buch des Lebens in der linken Hand: *Kreuzförmige, gott-menschliche Lebens-Durchströmung!*

In unserem römischen Apsis-Mosaik aus dem 11. Jh. vergegenwärtigt sich nicht von ungefähr, was der bedeutende griechische Kirchenschriftsteller Hippolyt von Rom bereits im 2. Jh. in einem Hymnus auf den Kreuzes-Baum zur Sprache gebracht hat. Leider ist seine große, weltumspannende Perspektive im Lauf der späteren Jahrhunderte fast verloren gegangen. Heute jedoch vermögen wir sie wieder neu zu vernehmen:

„Christus ist das wahrhaft große Mysterium in der Mitte der Welt.
Er allein ist alles in allem:
der Allbaum und Weltpfeiler, die goldene Säule der Welt,
ihre Achse und ihr Opferpfahl."

Eine „Theologie des Baumes" ist ein Nachdenken über Gott mit Bodenhaftung in Natur und Kosmos und mit Durchlässigkeit auf das absolute Sein Gottes hin.

Moderne Säulen in moderner Architektur

Das Kanzleramt in Berlin erweist sich als ein architektonisches Meisterwerk. Es wurde konzipiert von den Architekten Axel Schultes und Charlotte Frank. Man merkt alsbald, dass diese Künstler im Gesamtentwurf und im Detail viel von symbolischer Formensprache und von Ursymbolen verstehen. Hier kann jedoch nur auf jene Aspekte hingewiesen werden, die das Thema Baum und Säule berühren. Das Kunstmagazin ART (7/01) zeigt sich beeindruckt von dem zentralen Leitungsbau, der „sich öffnet mit einem gestaffelten Wald von hellen Stelen". (Stelen sind quasi abgeschnittene Säulen. Von der Form her also Säulen, aber ohne Kapitell und ohne Tragefunktion. Unter „Stele" versteht man eine aufrechte Säule oder Platte mit einer Inschrift, z. B. Grabstele; Grenzstein o. ä.).

In dem Berliner Monument sehen sich in der Entfernung Stelen und tragende Säulen sehr ähnlich. Sie stehen so geschickt im Verbund, dass sie kaum zu unterscheiden sind. Ihre rundkantigen, ovalgebogenen und manchmal auch dreiecksähnlichen Querschnitte bieten dem Licht größere Flächen an als geometrisch-runde Säulen. Stelen dienen hier als Pflanztöpfe für Bäume. Manchmal allerdings sind Stele und Säule auch bewusst gegeneinander in Szene gesetzt, sodass ihre je besondere Funktion abgelesen werden kann. Ihre großen Seitenflächen spielen mit dem Licht. Die bis zur Grundfläche reichenden, großzügig unterteilten Glasfenster zwischen den Stelen und Säulen der Frontal-Ansicht werden dabei zu dunklen Zwischenräumen, welche einen waldähnlichen Hintergrund andeuten.

Linke Hälfte des zentralen Leitungsbaus des Kanzleramtes in Berlin

Die schlanken, hohen, runden Säulen im Verwaltungstrakt offerieren mit der Gestaltung ihrer Kapitellzone – nicht nur optisch – einen epochalen „Durchbruch in der Säulen-Architektur": Sie durchbrechen nämlich das Dach, besser die Bedachung, welche sie stützen und tragen. Erst im Zusammenhang mit dem geschichtlichen Überblick und den Interpretationen dieses Kapitels über Baum und Säule lässt sich diese Säulen-Neuheit entsprechend würdigen. Eine runde Deckenöffnung erlaubt den Säulen-Durchbruch nach oben ins Freie und lässt das Himmels-Licht nach unten einfallen. Die runden Deckenöffnungen werden durchquert von sichtbaren, kreuzförmigen Halterungen, welche vermutlich aus Eisen konstruiert sind. Der ganze Bereich ist technisch wie ästhetisch eine genial-leichte Säulenhalle. Propädeutisch geraten hier die geistigen Tendenzen des dritten Jahrtausends ins Bild: Bodenständigkeit, Leichtigkeit, Durchlässigkeit und Symbolhaftigkeit. Die Architektur ist wieder einmal Vorreiterin – wie damals schon in Ägypten.

Die Säulen im Verwaltungstrakt des Kanzleramtes in Berlin

VI Das Symbol von Sefiroth-Baum und Säule in der Kabbala

Die Kabbala, das bedeutet sprachlich das Empfangene = Überlieferung, ist eine esoterisch-mystische Geheimlehre, welche zwischen dem 12. und 14. Jahrhundert nach Christus in Südfrankreich und in Spanien verbreitet war und die aus dem aramäisch geschriebenen, außerkanonischen Buch Sohar schöpft. Sie wirkte vielfältig hinein in den Chassidismus, eine Richtung des Judentums, die eine Verinnerlichung des religiösen Lebens anstrebt.

In der jüdisch-kabbalistischen Mystik löste das Bild des Baumes tiefschürfende Gedanken und Vorstellungen über Gott und den Menschen aus. Der natürliche Baum wurde als Bildmuster angesehen, unter dem das eigentlich unfassbare Mysterium Gottes sich wenigstens annähernd verständlich machen ließ. Die verschiedenen Weisen göttlichen Wirkens sah man sich entfalten wie die Äste eines Baumes – nur mit dem großen Unterschied, dass sich dieser „Baum der göttlichen Wirkkräfte" nicht von unten nach oben entfaltet, sondern *von oben nach unten!:* Ein vergeistigter Baum für ein geistiges Gottesbild (s. auch Tafel 5 im Anhang).

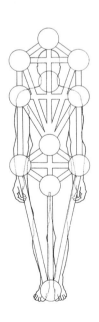 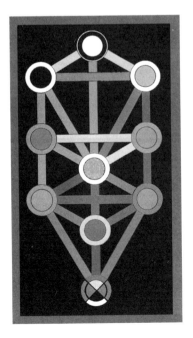

Die baumähnliche Anordnung der Sefiroth und ihre Übertragung auf den menschlichen Körper

(nach K. Francis, Heilweg der Kabbala, S.132)

Die zehn Sefira-Kreise bilden drei Säulen, wobei die mittlere aus vier Kreisen besteht. Die Verbindungslinien werden „Pfade" genannt. Es sind insgesamt 22 Pfade, gemäß den 22 Konsonanten der hebräischen Sprache. Die zehn Sefira oder die zehn Schöpfungsworte Gottes beschreiben älteste kosmologische, moralische und mystische Vorstellungen. Durch die Übertragung der schematisch-geometrischen Sefiroth-Baum-Figuration auf die menschliche Gestalt geschieht eine überaus tiefsinnige Gegenüberstellung von Gott und Mensch – „bild- und gleichnishaft". So ist z. B. Gerechtigkeit eine der zehn Attribute und Potenzen (Sefira) Gottes, und der gerechte Mensch ist ein mystisches Symbol für diese Eigenschaft Gottes. Diese Symbolik veranschaulicht und durchlichtet den Gerechten als die Figur des vollkommenen Menschen. Einen Gerechten hat Gott in seiner Welt und ER liebt ihn, weil er die ganze Welt erhält und ihr Fundament ist (vgl. Gen 18,23-33). Diese kabbalistische Weisheit lässt sich auch neutestamentlich verstehen.

Dieser spekulative Gottesbaum sieht aus wie ein Diagramm. In graphischer Anordnung werden in diesem Baum-Schema die einzelnen Wirkkräfte Gottes je nach ihrer besonderen Eigenart und nach ihren Beziehungen untereinander eingezeichnet. Von den Kabbalisten wurde dieser Gottesbaum „Otz Chim" oder „Sefiroth-Baum" genannt. Im Bild des Baumes und in der Summe seiner zehn stilisierten Äste, der Sefira, brachte man die dynamische Lebenseinheit des vielfältig aspektierten göttlichen Wirkens zur Darstellung. Die „wirkende Gottheit" stellte man sich also wie einen lebendigen Baum vor. Die einzelnen Kraftwirkungen Gottes werden auch benannt, z. B.:

1. Wille (Kether),
2. Weisheit (Cochma),
3. Unterscheidende Vernunft (Bina)
4. Liebe, Gnade (Chessed)
5. Strenge Gericht (Din)
6. Barmherzigkeit (Tifereth)

7. Ewigkeit (Nezach)

8 Ehre, Sieg (Hod)

9. Gerechtigkeit (Jessod)

10. Anwesenheit Gottes in der Welt (Malchuth Schechina)

Die drei obersten Sefiroth bilden die geistigen Kräfte ab; das Denken, die Weisheit und die Einsicht, während die unteren Sefiroth die sieben Körperformen darstellen: die Hände, die Füße, den Rumpf, den Phallus und den Kopf.

Der Liebe-Milde-Gnade also steht Strenge-Gericht gegenüber. Ferner erscheinen die Kräfte Barmherzigkeit, Schönheit, Dauer-Ewigkeit, Sieg-Ehre-Majestät, Gerechtigkeit. Als letzte und unterste rangiert die Weisheit-Schechina als die königliche Anwesenheit Gottes in der Welt, d. h. in der Weisheit berührt Gott die Welt.

Gegenstand der kabbalistischen Betrachtung ist daher nicht der ferne Gott des frühen Judentums, auch nicht der abstrakte Gott der jüdischen Philosophie des Mittelalters, sondern der lebendige und wirkende Gott der Eingeweihten, der Mystisch-Betroffenen, der Kabbalisten.

Es gibt drei wichtige Aspekte:

1. Da die zehn göttlichen Potenzen wie ein Baum in die Schöpfung hineinwachsen und wirken, ist *der Sefiroth-Baum somit auch ein Weltenbaum und ein Lebensbaum.*
   Die zehn Sefira stellen im präzisen Sinn eine wohlstrukturierte Gestalt dar, welche Gott zugleich offenbart und verhüllt. Das göttliche Leben strömt von oben nach unten und von innen nach außen und belebt die Schöpfung, aber es verbleibt zugleich auch tief im Inneren, und der geheime Rhythmus seiner Bewegung ist das Bewegungsgesetz der gesamten Schöpfung. Nicht nur wirkt das Obere auf das Untere, sondern jeder Teil, jedes Glied wirkt auf jedes andere. Geheime Kanäle = Pfade verbinden die Sefira untereinander und weisen darauf hin, wie die eine in die andere hinein- und zurückstrahlt.

2. *Die wirkende Gottheit erscheint im Sefiroth-Baum zugleich als der mystische Mensch,* der als Gottes Bild und Gleichnis nichts anderes ist als das Abbild der verborgenen Gottheit. „Als Abbild Gottes schuf er ihn" heißt es in Gen 1,27. Der Sefiroth-Baum ist „die heilige Form", in der diese beiden mystisch-symbolischen Gestalten auftreten: der wirkende Gott und Adam Kadmon, der Ur-Mensch. Der Sefiroth-Baum ist somit auch das göttliche Urbild des vollkommenen Menschen: Jede Sefira verkörpert auch eine mögliche Wesenskraft des Menschen. Damit ist das natürliche Bild des Baumes hineingeholt in den geheimnisvollen Berührungsbereich zwischen dem heiligen Schöpfergott und dem von ihm geschaffenen Menschen. Es gehört zur menschlichen Weisheit, mit Gott und von der Erde her zu fühlen und zu denken, denn in der Weisheit wirken Gott, Mensch und Erde zusammen, berührt Gott die Erde. –

3. Ein wichtiger Bestandteil der kabbalistischen Sefiroth-Baum-Konzeption sind *die Ritzen, die Pfade.* Der ganze Sefiroth-Baum ist durchzogen von Ritzen. In diesen Ritzen wohnt noch das letztlich Gestaltlose: die ausdruckslose WESENHEIT des absoluten Seins. Diese unauslotbare Tiefe Gottes, das EN-SOF, das innerste WESEN Gottes, begleitet immer jeden Ausdruck, tritt in ihn ein, zieht sich aber auch aus ihm zurück. Das Wissen um dieses D o p p e l s p i e l v o n W i r k e n u n d W e s e n G o t t e s , ist charakteristisch für das esoterische Weisheitsdenken der Kabbalisten. Der wirkenden Gottheit im Bild des zehnfach gegliederten Sefiroth-Baumes einerseits steht gegenüber die Gestaltlosigkeit des Wesens Gottes, das Absolut-Bildlose, das letzte, ungeschaffene Ur-Sein, das Gott ist.
In den Abgrund des Gestaltlosen zu stürzen, wäre im Sinn der Kabbalisten kein gewagteres Abenteuer, als zur Gestalt selber sich zu erheben. Der mystische Nihilismus wohnt unter demselben Dache wie die Besonnenheit, die um Gestalt ringt. Die Kabbalisten wussten um diese Dialektik der Gestalt Gottes. Das Göttliche ist nicht nur der gestaltlose Abgrund, in den alles versinkt, – obwohl es das auch ist –, es enthält in seiner Wendung nach außen die Garantie der Gestalt, nicht weniger gewaltig..
Beide, Sefiroth-Baum und EN-SOF, lugen aus dem gleichen Gehäuse. Je wahrer die Gestalt, desto gewaltiger das Leben des Gestaltlosen in ihr.

Dieses geistige Vorstellungs-Gebäude der Kabbalisten ist für das philosophisch-anthropologische Problem von Immanenz und Transzendenz ein unschätzbarer Denkansatz.

Nicht nur das Symbol des Baumes, sondern auch das ***Symbol der Säule*** wurde von den jüdischen Mystikern existentiell gedeutet: „Eine Säule geht von der Erde bis zum Himmel und „Gerechter" ist ihr Name. Sind Gerechte auf Erden, so wird die Säule stark, wenn aber nicht, so erschlafft sie. Ist sie aber schlaff, so kann die Welt nicht bestehen. Der Gerechte ist der Grund der Welt. Ist auch nur ein einziger Gerechter auf Erden, so erhält er die Welt" (vgl. Spr 10,1-32).

Der Gerechte wird im Bild der Säule zu einem „Urfundament der Welt". In ihm werden Erde und Himmel verbunden und geeinigt, weil der Gerechte alles in der Welt auf seinen richtigen = gerechten Platz setzt. *Unter dem Sinnbild einer lebendigen Säule versteht sich der Gerechte als eine im ganzen Kosmos mitwirkende und erhaltende Kraft. Der Gerechte weiß sich als eine kosmische Potenz.*

Mit diesen Gedanken über Baum und Säule wird ein faszinierender Höhepunkt der jüdisch-kabbalistischen Gnosis und ihrer mystisch-theologischen Spekulation erreicht (vgl. Gerschom Scholem, Von der mystischen Gestalt der Gottheit, S. 30-35 u. S. 83-134).

Wir sehen und begegnen täglich wie blind und taub vielen Bäumen und Säulen. Weil aber die meisten Menschen heute nur oberflächlich auf sie hinsehen, werden auch Baum und Säule als Sinn-Bilder, als Symbole, nicht wahrgenommen und verstanden.

VII DER BAUM UND SEINE „RITZEN" ALS MODELL FÜR DURCHSTRÖMTES LEBEN

Über den Abstecher in die Welt der Kabbala hat unser menschliches „Zwischen Erde und Himmel-Sein", welches uns mit dem Baum verbindet, neue und faszinierende Perspektiven = Durchblicke gewonnen, vor allem durch die „Ritzen". Auch Künstler lassen Zwischenräume und Ritzen. An den Zwischen-Räumen kann man oft die Qualität von Kunstwerken erkennen, sei es in der Musik, in der Malerei, in der Bildhauerei, in der Architektur oder in der Dichtkunst/Lyrik. In den Zwischen-Räumen schwingt etwas, was nicht gehört, gemalt, gemacht oder benannt werden kann. Wir ersticken in den Dingen und im Alltag, weil uns die Zwischen-Räume fehlen.

Auch die moderne Naturwissenschaft sieht die Welt und das Leben nicht als kompakte und berechenbare Größen. Sie hat für beide weder eine Formel noch ein Begriffssystem gefunden. Werden und Wachsen ist eben nicht zu berechnen. Leben als eine Komplexität von Schwingungen und Durchgängen ist weder exakt aufteilbar noch abgrenzbar.

Der Organismus des Lebens zeigt sich vielmehr nach heutiger Biophysik als e i n v e r z w e i g t e s R e s o n a n z s y s t e m, als ein schwingender, mehr oder minder durchströmter Organismus, wo alles mit allem korrespondiert. „In der Realität gibt es nur ‚Bäume'; alles ist verzweigt", so beschreibt der Biochemiker Prof. Friedrich Cramer, langjähriger Direktor des Max-Planck-Instituts für experimentelle Medizin in Göttingen, die Erkenntnislage der heutigen Naturwissenschaft. Nicht die Digitaluhr oder die historische Zeitmessung, sondern der persönliche Herzschlag stelle die menschliche Zeitfrequenz dar. Die Pulsschwingung des Herzens verzweigt sich resonanzartig in alle Organe.*

Schwingungsräume aber bedürfen der Zwischenräume, um schwingen zu können. Zwischen-Räume sind innere Pfade, sind schweigende Ritzen im Gefüge des materiellen und geistigen Daseins. Schweigen

---

* Anmerkung: Auch die porös konstruierten Knochen sind mit einbezogen in dieses Re-sonieren: sie können „tönen"! (wenn man sie darauf anspricht und darauf hört) (lat. sonor = Ton; sonans = tönend).

ist eine Voraussetzung für persönliche Tiefenerfahrungen. Nur schweigend kann man sich ganz spüren und wahrnehmen; denn der Mensch kann nicht zugleich fühlen und denken. „Wer inniger schweigt, rührt an die Wurzeln der Rede", sagt Rilke.

Durch die Ritzen absichtslosen Schweigens geschieht – plötzlich – Teilhabe, participation mystique, ein Gespür dafür, dass alles, was existiert, existiert, weil es aus dem Geheimnis (des En-Sof) lebt. Da kann es sein, dass auf einmal unser Daseinsgefühl eine innere Dynamik wahrnimmt, die mit dem klärenden und antreibenden Geistatem zu tun hat.

Ohne Ritzen gibt es keine Durchlässigkeit. Ein gesunder Baum lebt von seiner Durchlässigkeit von der Wurzel bis zur Krone und zurück zur Wurzel. Die Flöte, das tönende singende Rohr, ist gleichsam eine Hieroglyphe, ein Urzeichen für den Baum. Das Blasen = Durchatmen der Flöte gebiert Weltmelodien. Der arkadisch-griechische Waldgott Pan mit seiner selbstgeschnitzten Hirtenflöte, der Pan-Flöte, (griech. pan = all, ganz, gesamt, völlig), und Mozarts „Zauberflöte" bezeugen dies.

Der Mensch lebt in dem Maße, wie er seine Geistseele durchströmen lässt durch seine körperlichen und psychischen Ritzen, und zwar durch möglichst viele Ritzen und Poren und Wunden seiner konkreten Persönlichkeit; – im bewusstgewordenen und zugelassenen Atemstrom durch die Nase zur Lunge bis zu den Fußsohlen und Fingern, bis hinein in Herz, Auge und Gehirn.

Der Mensch ist Natur, Gestalt und Geist; Körper und Geist nicht im Nebeneinander, sondern im Miteinander, in gegenseitiger Resonanzschwingung, im Verbundensein mit Erde und Himmel und im Verbinden von Endlichem und Ewigem.

Wie, bildlich gesehen, durch die Ritzen des Sefiroth-Baumes immer das EN-SOF, das gestaltlos-ewige Sein der Gottheit, hindurchquillt, so könnten Christen den Geist Gottes verstehen, der alles durchdringt und der „weht, wo er will" (Joh 2,8), und der auch unsere gängigen Schutzpanzer und Wände aufzubrechen vermag, wenn wir es zulassen.

Martin Buber, der große jüdische Philosoph und Wegweiser, sagt: „Gott zulassen, Gott durchlassen, das ist es, worauf es ankommt. Die verborgene Anwesenheit des Himmels findet der, der Gott zulässt." Leben muss fließen, sonst wird es unfruchtbar.

Die Theologin Elisabeth Moltmann-Wendel verdeutlichte in einem Vortrag in Freiburg: „Man solle Gott auch aus christlicher Sicht stärker kosmisch als Energiefeld des Leibes verstehen... und wir müssten in der Religion stärker zur Körperlichkeit zurückfinden."

Je mehr eine äußere oder innere Bewegung körperlich-seelisch-geistig durchpulst und so personifiziert (von lat. per-sonare = durchtönen) wird, desto gesünder und tiefer ist sie. Person-Sein ist die komplexeste und kostbarste Form menschlichen Daseins. In diesem Verständnis kann dann jedes menschliche Lieben und Liebe allgemein nicht mehr nur verstanden werden allein als ein Gefühl, sondern wesentlich auch als geistig-kosmische Kraft der Durchströmung, als ein Miteinander-Strömen und -Schwingen in gegenseitiger Resonanz.

Zwei große physische Strömungssysteme durchziehen von Anfang an und permanent den menschlichen Körper: *Blut und Atem.* Als drittes energetisch-dynamisches Strömungssystem käme das seelisch-geistig-spirituelle dazu, so wir es zulassen. Alle drei Systeme strömen dann miteinander und ineinander.

Im Anschauen von Bäumen in ihrer durchströmten Lebenskomplexität und in ihren vielfältigen Verzweigungen im Kronenbereich dürfen wir also jedes Mal neu Verwandtschaftliches empfinden. Wir sollten uns anstecken lassen von dem unter den Rinden strömenden Lebensfluss, der auch in uns von den Füßen bis in den Kopf durch unsere körperlichen und geistigen Zwischenräume hin und her, ein- und ausatmend pulsiert.

Konkret erfordert dies allerdings ein ständiges, aufmerksam-hinhorchendes Arbeiten an der Durchlässigkeit des eigenen Körpers, vor allem am physischen Kräftefluss von Blut und Atem in Herz, Adern und in und entlang der Wirbelsäule. Durch die Methode der Eutonie werden dazu entsprechende Anleitungen gegeben. In ihrem Buch „Eutonie, ein Weg der körperlichen Selbsterfahrung" schreibt Gerda Alexander (S. 58-59): „Da es eine eindeutige Scheidung ‚rein geistig' und ‚nur körperlich' nicht geben kann, darum gilt es, das den Körper bis in seine innersten Teile durchwirkende Geistige in das Offenbare des Bewusstseins zu heben z. B. durch das Erleben des Körperinnenraumes mit seinen Kraftzentren in der Wirbelsäule, im Atem und im Herzen –, wodurch ein neues, komplexes Bewusstsein entwickelt wird, das Innen und Außen gleichzeitig umfängt."

Der Baum und seine „Ritzen" als Modell für durchströmtes Leben

Können wir nicht dadurch erst richtig tief atmen, weil die Rippen unseres Brustkorbs Zwischenräume haben und sich dadurch bewegen und mit-atmen können? Das bewusste Nachempfinden von Zwischenräumen in allen Teilen unseres Körpers, z. B. zwischen der atmenden Haut und ihrer textilen Umhüllung, zwischen der weichen Haut und den harten Knochen, zwischen der sensiblen Haut und der atmosphärischen Umwelt, kann unser Lebensgefühl spürbar bereichern und es räumlicher, transparenter, kosmischer und somit ganzheitlicher und entspannter und nicht zuletzt auch mitfühlend-sozialer machen.

Die äußeren Ätherwellen, die Erdschwingungen und die persönlichen, inneren Blut-, Atem- und Geistwellen „brausen" immer, doch wir haben zumeist unseren Empfänger abgestellt. In der Zukunft werden viele Menschen noch länger und intensiver bei einseitig rationaler Konzentration vor ihren Bildschirmen hocken, doch umso ernsthafter sollten sie um diese „Schieflage" wissen. Auch auf dem Gebiet von Körper und Spiritualität ist heute eine ständige Weiterbildung angesagt, etwa durch Übung der Stille und des Schweigens, in der Meditation des eigenen Körpers. Das eröffnet einen bewussteren, ganzheitlicheren Weg durch den Alltag und in die Lebensreifung.

Je tiefer und gerader ein Baum in der Erde wurzelt und je verzweigter er in einen offenen Horizont hineinwächst, umso besser vermag er den Unwettern standzuhalten. Je mehr – entsprechend – ein Mensch aus seinen natürlichen Erd- und Lebensbeziehungen wie auch aus seiner wachsenden körperlich-geistig-seelischen Bewusstwerdung lebt, d. h. aus Natur, Gestalt und Geist, umso tiefer, stärker und selbständig-kreativer wird er sein Leben zu leben vermögen.

Vielleicht ist heute die Beschäftigung z. B. mit philosophischen, physischen, psychologischen, historischen und naturwissenschaftlichen Grundfragen des Lebens oder im theologisch-religiösen Bereich mit dem Alten und Neuen Testament so etwas wie ein erkennendes Arbeiten im Wurzelbereich und zugleich ein Zugeordnetsein zu den kosmischen Weiten des Geistes?

Wer möchte nicht zustimmen, dass wir Bäume brauchen? Wie der Baum in der Natur, so entwickelt sich auch der Mensch in der „Stromlinie" Erde-Himmel und Himmel-Erde, Wurzel-Tiefe und Höhe-Weite. Ein schöner Baum lässt uns Menschen – manchmal ganz plötzlich – fühlen und einsehen, wie verwandt und sinnträchtig die eigene Gestalt ist und wie wunderbar es sein könnte, so völlig durchlässig zu sein für den inneren, dynamischen Lebensstrom. Für religiöse Menschen strömt er bekanntlich noch vollkommener, nämlich in Blut und Atem, im Geist und in der Gnade.

Im Baum stellt sich das Leben dar als Sichtbarwerden von Unsichtbarem. In der Ähnlichkeit, in der Analogie von Sichtbarem und Unsichtbarem kann für uns Menschen das geheimnisvolle Ineinanderwirken von Körpergestalt und Geist verständlicher werden. Wohl kein anderes Gewächs der Natur kann die Ähnlichkeit zwischen der rein natürlichen Welt und der übernatürlichen Lebenswelt so gut vermitteln wie der Baum. Die *„Theologie des Baumes" ist eine Schwester der christlichen Anthropologie.* Aus den Gedanken der vorangegangenen Kapitel ergibt sich einleuchtend: *Ohne eine Theologie des Baumes hängt eine Theologie des Kreuzes gewissermaßen in der Luft. Die Wandlung vom Kreuzesbaum zum Lebensbaum* steht symbolisch für den Sieg über Angst und Tod als den Haupt-Widersachern des Lebens.

Der Gott-Mensch Jesus Christus, der am Holz des Kreuzesbaumes in der Dunkelheit von Golgota starb, wurde zum unsterblichen, leuchtenden, personalen Lebensbaum.

In dieses unfassbare Mysterien-Drama der christlichen Heilsgeschichte sind Baum und Mensch auf Sein und Nichtsein hin verwickelt; der Mensch allein kann sich dessen ahnungsvoll und mitspielend bewusst werden, dank seiner Fähigkeit zu symbolischem Verstehen und Handeln.

Der personale Lebensbaum ist eine paradiesische Hoffnungsvision und ein Symbol für voll entfaltetes, lebendurchströmtes Menschsein. Der Maler Matthias Grünewald hat dieses – leiderfahren – schon so vorausgeschaut in seinem Auferstehungsbild, wo gleichsam die Wunden Christi wie Ritzen gesehen werden können, als Durchlass-Pfade zwischen der menschlichen und der göttlichen Daseinsweise.

Künstler haben ein besonderes Gespür für die tieferen Verhältnisse des Lebens. Deshalb möge unsere Beschäftigung mit dem Baum ausklingen in folgenden Gedichtversen:

„Man muss weggehen können
und doch sein wie ein Baum.
als bliebe die Wurzel im Boden
als zöge die Landschaft und wir ständen fest."

(Hilde Domin)

„Diese Stadt, sie ist starr ... keinen Baum
ernährt der gottlos aufgetürmte Trug:
Bist du zu Haus, wohin dein Fuß dich trug?
Geh in dich, und du blickst in deinen Baum –"...

(Rudolf Borchardt)

Mit folgenden Versen aus zwei Gedichten von Else Lasker-Schüler verknüpft sich der mitgelaufene poetische Faden wieder mit dem Anfangsvers des 1. Kapitels von Günther Eich: *„Wer möchte leben ohne den TROST DER BÄUME?":*

„Es wachsen auch die Seelen der verpflanzten Bäume
Auf Erden schon in Gottes blaue Räume,
Um inniger von Seiner Herrlichkeit zu träumen."

(Gedicht „Aus der Ferne" 328)

„O, ein hängender Garten wird Dein Herz sein, ...
Ja, tausend greifende Äste werden Deine Arme tragen,
Und meinem Paradiesheimweh wiegende Troste sein!"

(„Das Lied des Gesalbten" 36)

Diese letzten Verse wenden sich an den auferstandenen Christus, der mit ausgebreiteten Armen die Heimkehr der Dichter, der Menschen und des Kosmos erwartet. Die aus-„greifenden Äste" stehen für 1000-faches IHM-Zuströmen: – zu „wiegendem Troste".

VIII DAS SYMBOL DES BAUMES UND DAS MYSTERIUM DER AUFERSTEHUNG JESU CHRISTI

Versuch einer Interpretation des Auferstehungsbildes des Isenheimer Altares von Matthias Grünewald

Der Isenheimer Altar, entstanden in den Jahren 1510-1515, ist Grünewalds Hauptwerk (s. Tafel 6 im Anhang).

Dieser Altar vollendet die Gotik, er ist ein Werk zwischen Gotik und Renaissance. Er besteht aus drei großen Tafelbildern mit den Themen Geburt, Tod und Auferstehung Jesu Christi. Grünewalds Kunst zeigt eine neue Körperlichkeit und Diesseitigkeit bei aller religiösen Thematik. Deshalb hat auch alles, was er malt, einen bis ins Detail gehenden symbolischen Charakter. Aus diesen Gründen entsteht ein hoher Anspruch, sich diesem Ausnahmewerk zu nähern.

In der hier ausgewählten Auferstehungs-Tafel stellt Grünewald etwas eigentlich Undarstellbares dar: den Moment der Auferstehung Jesu aus dem Tod. Das alljährliche Aufleben und Wiederergrünen der Bäume nach der Winterstarre ist „natürlich". Christi Auferstehung indes kommt daher völlig, ja, radikal unerwartet. Sie ist ein bares Faktum dafür, dass Jesu Leben nicht zusammengeht mit den Wegen dieser Welt: Seine Auferstehung ist eine Aktion Gottes! Der große Schrecken der Frauen vor dem leeren Grab (Mk 16,6) dokumentiert, dass hier alles Gewohnte, alles Verständliche wie ‚Grabsteine' über den Haufen geworfen wird. Jesu Auferstehung weist in eine größere Wirklichkeit: sie bezeugt seine Göttlichkeit.

Durch das Bild von Grünewald ereignet sich gewissermaßen vor unseren Augen die Aufsprengung einer kantigen, kalten, verwirrten Welt durch die Erscheinung des Toten als eines Lebendigen.

Im Bild eines personifizierten Lebensbaumes malt der geniale und wohl geheimnisvollste Maler des christlichen Abendlandes d a s Mysterium schlechthin:

Das Osterfest als ein Welt- und Heilsereignis: DER SIEG DES LEBENS ÜBER DEN TOD. –

Gewissermaßen vor unseren Augen spiegelt sich dieser Sieg im Sinnlich-Konkreten des gemalten Bildes. Das Anschauen des vor den Augen der Welt öffentlich zu Tode Gekreuzigten jetzt mit seinen leuchtenden Todeswunden als identisch-leibhaft Auferstandenen, bedeutet heute wie damals die Aufsprengung alles Bisherigen: Die Zyklen des Dunkel-Mythischen um Sterben, Tod und Wiederauferstehen werden radikal durchbrochen und neu definiert. Die zerstörten Grabsteine verdeutlichen es durch ihre brutale Erwähnung.

Jesus erscheint den Seinen als ein Kommender. In Grünewalds Bild geht Jesu Blick offen in eine offene Welt. Christi Auferstehung zeigt d i e offene Stelle der Welt auf. Die irdischen Wundmale sind eingegangen in eine verklärte und verklärende Leiblichkeit. Das neue Erscheinen vereinigt irdische Leiblichkeit mit göttlicher Lebenswelt. Grünewald spiegelt unseren begrenzten Sinnen etwas vom Geheimnis des Göttlich-Metaphysisch-Ewigen:

Der Erstandene „steht" nicht mehr auf der Erde und im physischen Gesetz der Schwerkraft, er „schwebt" zwischen Himmel und Erde.

Sein Gewand ist – im Gegensatz zum zerfetzten Lendentuch bei der Kreuzigung – jetzt ein nahtloses Heiles und Ganzes. In einer mächtigen Aufwallung weht die üppige Wucht des Stoffes und seiner Farben stamm- und säulenartig, wie von einem Sturm aufgepeitscht, nach oben hin, anstatt in eigener Materialschwere herabzufallen. Der Schwung führt aus der blass-weißen Grabeskälte über türkis-violette, dramatische Übergänge zum majestätisch-roten Königsmantel hinauf und ins reinste Hell-Gold der großen Licht-Aura um den Kopf, die dann übergeht in ein Hell-Dunkel-Blau kosmischer Unendlichkeiten.

Die erhobenen Arme und die einmalig geformten Hände mit ihren ausstrahlenden Wundmalen sind wie zu Ästen und zu Zweigen und zu Dendriten geworden in der großen, leuchtenden Kopf-Aura. Denn in den Händen drückt sich bei Grünewald stets Geistiges aus, die Gedanken des Gehirns. – Hände und Gehirn haben biologisch dasselbe Keimblatt. – Die erhobenen Hände Jesu offenbaren seinen Geist, sein Gebet: Die Gebetsgeste ist das Gebet! Die Kraft des Geistes entweicht aus den Händen. Durch die strahlenden Wundmale der Hände und Füße bekommen wir die Botschaft seines Leidenslebens: Nur der Verwundete kann heilen!

„Ver-klärung" m a l t Grünewald im Grenzübergang von strahlendstem Gold zur quasi Materielosigkeit im reinsten Weiß. Als sei hier schon bildlich erzählt, was der bekannte Theologe Eugen Biser für unsere Zeit in Worten formuliert: „In dem im Glanz der Gottesherrlichkeit erstrahlenden Antlitz des Auferstandenen erreicht die Offenbarungsgeschichte ihren unüberbietbaren Höhepunkt. Nirgendwo ist Gott so eindeutig aus dem Dunkel seiner ewigen Verborgenheit hervorgetreten wie in diesem verklärten Antlitz." (Eugen Biser, S. 53)

Grünewald ist in den drei Tafeln seines Isenheimer Altars kein Illustrator, sondern er hat spirituelle Ereignisse körperlich-sinnlich s i c h t - b a r gemacht. Er lässt das Mysterium der Auferstehung Christi durch eine symbolische Interpretation der Lebenseinheit eines Baumes aus Wurzel, Stamm und Krone als ein überzeitliches und überräumliches Ereignis e r f a h r b a r werden.

Diese symbolische Wirklichkeit zu schauen, ist mehr als einen Baum am Wege zu sehen.

Im Bild eines menschengestaltigen Lebensbaumes m a l t Grünewald das Christusmysterium der Auferstehung als eine V e r k ü n d i - g u n g dessen, was menschliches Sterben immer war und sein wird: eine VERWANDLUNG hinein in die personal-transpersonale Lebens- und Liebesströmung des ewigen Gottes, der „Alles in Allem" ist (1 Kor 15,28).

Natur und Kunst, Gestalt und Geist, Wissenschaft und Glaube geleiten uns Menschen je auf ihre Weise und zusammen hinein in dieses ungeheuerlichste aller Mysterien. Es ist das Mysterium des alles durchdringenden, immer-evolutiven Lebens, wo Gott Gott ist. Dieses Mysterium wird immer und absolut unser menschliches Fassungsvermögen übersteigen, aber – im Symbol des Baumes ist uns ein ahnungsvolles Zeichen mitgegeben auf unseren Weg, ein belebendes Hoffnungszeichen.

IX Anleitungen zu einer ganzheitlichen Baum-Meditation und zu einem durchströmten Körperbewusstsein

Eine schriftliche Meditationsanleitung hat ihre Schwierigkeiten. Solides Meditieren geht nicht ohne beharrliches, konzentriertes Üben. Der Leitgedanke für diese ganzheitliche Baum-Meditation ist, eine entspannte Durchlässigkeit im ganzen Körper sich vollziehen zu lassen. Strömen können Blut oder Atem bekanntlich nur gut, wenn keine Barrieren, Engpässe, Biegungen oder Verkrümmungen den „Lauf" hemmen oder zum Erliegen bringen. Die entspannteste Verbindung zwischen Fuß und Kopf vertikal durch den ganzen Körper ist das IM-LOT-STEHEN. Dazu benötigt der menschliche Körper keinerlei Muskelanstrengung, denn der Körper mit allen Knochen, Gelenken, Muskeln und Organen wird seinem natürlichen Schwergewicht, der Erdanziehung, überlassen, er ist somit lässig, durchlässig und strömungsoffen, entspannt und locker.

Die nun folgenden Körperübungen bauen aufeinander auf. Sie können im Stehen und zum Teil auch im Sitzen vollzogen werden. Ihre Anzahl ist auf fünf begrenzt; sie stecken den Rahmen ab. Erfahrene MeditationsleiterInnen werden leicht ergänzende Unterstützungen geben können. Außerdem verweise ich auf die 33 Übungen in meinem Buch: „Spiritualität und Körper. Gestaltfinden durch Ursymbole", Leipzig 1998, S. 248-272.

Die **ERSTE Körperübung** betrifft die Einstellung auf das Körper-Lot. Das IM-LOT-STEHEN ist kein fester Zustand, sondern ein binnenkörperliches Sich-immer-wieder-neu-in-die-schwankende-Lotgerade-Bringen. Für eine aufrechte Haltung gilt folgende Grundregel: Die Ohren liegen über den Schultergelenken, die Schultergelenke liegen über den Hüftgelenken, die Hüftgelenke liegen über den gleichmäßig belasteten, beckenbreit und parallel stehenden Fußsohlen, bei locker-durchlässigen Knie- und Sprunggelenken. Das Im-Lot-Sein ist ein senkrechtes Sichausrichten der konturreichen Körpergestalt über einem waagerechten Fußsohlenstand, mit dem Wirbelsäulenstab in der Mitte und dem darauf lastenden, runden Kopf in der Höhe. Der Ideal-Gestalt nach sind Baum und Mensch kuppelgekrönte „Stamm-Säulen", die ohne Stützung oder Anspannung locker in sich aufruhen.

Für diese erste Übung benützen wir als Hilfsmittel einen etwa 1-2 m langen, dünnen Stab, möglichst aus Holz, den wir entweder auf der hohlen Handfläche oder auf dem Zeige- und/oder dem Mittelfinger zu balancieren versuchen. – In einem erneuten Ansatz bringen wir die eigene Wirbelsäule und die Körperstatik mit diesem Stab motorisch zusammen, d. h. Stab und Wirbelsäule verbinden sich innerlich. Dabei kann man wahrnehmen, wie gelenkig die Wirbelsäule zu reagieren vermag. Diese ausgleichende Beweglichkeit der Wirbelsäule im Ganzen und in den einzelnen Wirbeln ist natürlich nicht immer gleich vorhanden, denn viele Menschen bewegen sich nur in wenigen Standards und fordern die vielfältige und feingliedrige Beweglichkeit der Wirbelsäule normalerweise nur sehr selten heraus.

Nun den Stab weglegen und das Im-Lot-Stehen der nach oben gestreckten, eigenen Körpergestalt herausfinden – am besten mit geschlossenen Augen. Von den Füßen und Fußgelenken und von der Erdanziehung her die Aufrichtung in die Lot-Senkrechte sensibel aufsuchen und das In-sich-Stehen, das Sich-in-sich-Verwurzeln, vielleicht wie ein kleines Wunder wahrnehmen! Bei allem Stehen ist es wichtig, die Kniegelenke weich und durchlässig zu haben und nie mit stramm-durchgestreckten Knien zu stehen.

Wenn man die Lotgerade in der Aufrichtung berührt und erreicht, geht auf einmal ein tiefer Atem durch den ganzen Körper. Ihm nun Raum geben, ihn fließen lassen an der Wirbelsäule entlang zum Zwerchfell und zu den Händen und Füßen und in den Kopf! Ein solch einsetzender größerer Atem ist immer ein gutes Zeichen. Kosten Sie es aus und versuchen Sie, sich in eine immer gelöstere, selbstverständlichere Körperverfassung im elastischen, feinfühligen Pendeln im und um das Lot herum hineinzutasten. Für alles Üben gilt: zwischendurch ausruhen, nachspüren und wieder neu ansetzen. Die Lotgerade erfordert eine stille, geduldige Einübung, sie ist gewissermaßen eine Null-Ein-

Anleitungen
zu einer
ganzheitlichen
Baum-Meditation
und zu einem
durchströmten
Körperbewusstsein

stellung des Körpers. Im Lot ereignet sich momenthaft ein Jetzt-Erlebnis, eine Gegenwärtigkeitserfahrung, wo die Zeit stillzustehen scheint. Da das Lot ein Naturgesetz ist, geschieht in der Lotgeraden auch ein Kontaktnehmen mit dem Kosmos.

Das Im-Lot-Sein ist entsprechend auch im Sitzen zu erfahren. Man achte dabei auf das rechtwinklige Aufstellen der Ober- und Unterschenkel über den Fußsohlen. Zu empfehlen ist das Sitzen auf der äußersten Vorderkante eines festen Stuhles oder Hockers. Man versuche, die beiden Sitzhöcker zu erspüren und sie mit dem Rumpf- und Kopfgewicht zu belasten. Unwillkürlich stellt sich eine Wirkung auf die Aufrichtung der Wirbelsäule und auf den Atem ein. Das Körpergewicht verlagert sich ins Becken, und der Schulterbereich mit dem Kopf wird leicht, entspannt und frei.

In einem **ZWEITEN Übungsschritt** bemühen wir uns um das Sich-Hinein-Tasten der Füße in den Boden, in die Erdtiefe, zum Grundwasser hin. Die Füße stehen wieder beckenbreit und parallel zueinander. Fühlen Sie sich hinein in ihre Füße (möglichst ohne Schuhe), in die Sprunggelenke, in das Fersenbein, in die Mittelfußknochen, bis hin in die fünffache Ausstrahlung der Zehen! Die Zehen sind mehrgliedrig und dadurch je nach vorn, oben und unten und nach den Seiten hin beweglich. Probieren Sie möglichst viele Bewegungsvarianten ihrer Zehen aus und stellen Sie fest, was geht, was geht nicht (mehr), und ob jeder Fuß gleich und im Detail zu spüren ist!

Bewegen Sie ihre Füße von innen, von den Knochen her und nehmen Sie sie auch in der Berührung mit dem Erdboden wahr! Spüren Sie hinein in die feinen Sensorien an der Unterseite Ihrer Füße! Hier reguliert sich großenteils unsere Körperbalance. Die Fußsohlen besitzen eine mehr oder minder stark ausgebildete Hornhautschicht, aber nach innen zu sind sie doch sehr sensibel und schmerzempfindlich, z. B. für die Steinchen im Schuh, im Kitzel der Wölbung oder für den berühmten Dorn. Lassen Sie nun in Ihrer Vorstellung diese feinen Hautsensoren nach unten in die Erde hineinspüren, als ob sie, sich verlängernd, dort einwachsen möchten, als ob sie nach Grundwasser suchen wollten wie Wurzelfasern eines Baumes. Nehmen Sie sich Zeit für dabei erwachende, verschollen geglaubte Empfindungen!

Hilde Domin rät uns: *„Dann müssen wir*
mehr als die anderen
den Boden unter den Füßen fühlen
während wir gehen,
diesen kurzen Boden
von Morgen zu Abend." –
(Nur eine Rose als Stütze, S. 77)

Anleitungen
zu einer
ganzheitlichen
Baum-Meditation
und zu einem
durchströmten
Körperbewusstsein

In der **DRITTEN Übung** wenden wir unsere Aufmerksamkeit wieder aufwärts von den Füßen über die Unter- und Oberschenkel hin zum Becken. Das Becken ist eine Auffangschale für den Rumpf. Im Beckengrund „fußt" gewissermaßen die Wirbelsäule mit Kreuzbein und Steißbein. Die Wirbelsäule kann dort aber nur ihren Standort finden, wenn das Becken weit, schwer und aufgekippt ist, so dass die Beckenschale nicht vornüber sich ausschüttet, sondern ihren Inhalt sorgsam und locker in der Waagerechten verwahrt behält. Unsere Beckenschale ist ein Behältnis! Diese Haltungseinstellung des Beckens ist nicht nur grundlegend für die äußere Körperhaltung, sondern auch für den inneren Strömungsprozeß. Bei vielen Menschen wird die Durchlässigkeit des Atems zu den Beinen und Füßen und zur Erde hin bereits durch eine schlechte Beckeneinstellung abgeblockt. Dadurch wird die Erdung des Menschen und folglich auch das Bewusstsein seiner „Erdenbürgerschaft" erschwert oder gar verstellt.

Wandern Sie nun in einer inneren Vorstellung aus dem Becken heraus aufwärts, langsam und spürend an den Lendenwirbeln entlang zu den Rippen- und Brustwirbeln bis hin zum Schultergürtel! Der Schultergürtel bildet die obere Begrenzung des „Rumpf-Quadrats", das zwischen den vier Kugelgelenken als Eckpunkten auszumachen ist.

Aus den in ihrem Eigengewicht auf dem Brustkorb aufruhenden Schulterblättern und Schultergelenken lassen Sie nun Ihre Arme locker herabhängen. Entspannen Sie Ihre Arme bis in die Handgelenke und durch diese hindurch bis in die Finger und Fingerspitzen hinein – und darüber hinaus wie Luftwurzeln! Dabei werden sich schon viele Anspannungen innerlich lösen können.

Aus der Mitte des Schultergürtels an seiner Vorderseite weist das schwertförmige Brustbein mit seiner Spitze nach unten zum Becken,

89

Anleitungen
zu einer
ganzheitlichen
Baum-Meditation
und zu einem
durchströmten
Körperbewusstsein

genauer zur Schambeinfuge im Beckengrund. Klopfen Sie mit den Fingerkuppen diese Abwärtslinie mehrmals ab, damit sie Ihnen bewusster werde! Vielleicht können Sie nun Ihren Rumpf in seinen Ausmaßen besser und sogar als rund und räumlich erspüren und sogar die Gewichtsbalance zwischen den rückwärtigen Schulterblättern und dem vorderen Brustbein wahrnehmen?

Der Rumpf entspricht in unserer Baum-Meditation dem Baumstamm. Dessen Aufgabe besteht ja wesentlich darin, Wurzeln und Kopf-Krone zu verbinden und den lebenserhaltenden Wasser- und Licht-Transport zu bewerkstelligen. Lassen Sie nach rechts und links, vor und hinter der Wirbelsäule alles entspannt sich im Eigengewicht absinken, vor allem aber die relativ schweren Schulterblätter, die Rippen und die großen Darmbeinknochen des Beckens. Nehmen Sie sich viel Zeit zum Nachspüren! Eindrucksvoll absehen lässt sich diese differenzierende und lockernde Körpergewichtswahrnehmung an den weitärmlig herabhängenden Zweigen großer Tannenbäume.

In einer **VIERTEN Übung** geht es um die Verlängerung und Hinüberführung der Wirbelsäule und ihres Nervenstranges in den Kopf. Der Schultergürtel ist gewissermaßen ein Tor, aus dem die Wirbelsäule aus dem schützenden Gehäuse des Rumpfes heraustritt in die rundum frei ausgesetzte und sehr bewegliche Halsregion. Der Hals stellt mit seinen sieben flacheren Halswirbeln die schmale, stegartige Verbindung her zwischen dem kompakten Rumpf und dem runden Kopf, der wie schwebend auf dem letzten Halswirbel aufruht. Dieser Wirbel wird deshalb auch sinnigerweise als „Atlas" und als „Hüter der Schwelle" zwischen Natur und Bewusstsein bezeichnet. Man kann diese Übergangsstelle zwischen dem Ende der Wirbelsäule und dem rückwärtigen Schädelbasisknochen als kleine Höhlung, als „Hinterhauptsloch", ertasten und erspüren. Der bisher vom Wirbelsäulenkanal beschützte, aufsteigende Nerven- und Lebensstrom des Rückenmarks überwechselt an dieser bedeutsam-kritischen Stelle frei hinein in das Kopfinnere und in das Gehirn. Das deutlich ertastbare Hinterhauptsloch ist eben auch jene Stelle für den sofort tödlichen Genickschuss. In neuerer Zeit aber wurde diese sensible Körperstelle neu entdeckt als ein Energiezentrum, als ein weiteres Chakra, und somit stark aufgewertet.

90

Versuchen Sie nun mit den Fingerkuppen durch die Muskeln und Sehnen des Halses hindurch die relativ schmalen Halswirbel einzeln zu ertasten! Mit dieser Halswirbelspürung lassen Sie eine lotgerechte Aufrichtung des Kopfes einhergehen! Wie von selbst geschieht dann das Lockerwerden der Hals- und Unterkiefer-Muskulatur. Ruht der Kopf doch nun lotgerecht in seinem Eigengewicht auf der Wirbelsäule und – letztlich über dem Beckengrund, auf den Füßen und auf der Erde. Auf Grund dieser Lot-Ausrichtung lassen sich, gelenkt durch unsere Aufmerksamkeit, nicht nur die Hals- und Unterkiefermuskeln lösen, sondern auch die noch tiefer liegenden Zungen- und Rachenmuskeln mit dem Zäpfchen, sodass die Zunge breit und schwer in ihrem unteren Gaumenbett liegen kann. Die Lotbewusstheit des Halses und des Kopfes verstärkt überraschend die Atem-Durchlässigkeit im ganzen Körper. Man kann dabei erfahren, wie Zungenregion und Zwerchfell frei miteinander kontakten.

Die **FÜNFTE Übung** bringt die Abrundung: das ganzheitliche Sich-durchströmen-Lassen von Atem und Blut. Die Kreisläufe von Atem und Blut sind Grundkonstanten unseres biologischen Lebens. Der Atemkreislauf setzt ein mit dem ersten Geburtsschrei des Neugeborenen und mit der zugleich erfolgenden ersten Streckung seiner Wirbelsäule. Der Blutkreislauf kommt schon im Embryonal-Stadium über die Mutter in Gang. Durch den Pulsschlag gibt der Blutkreislauf das Arbeiten des Herzens kund. Damit die Lebensströme von Atem und Blut fließen können, ist das immer erneute, sensible Lösen der Körpermuskulatur und das Ausrichten auf die Lotgerade notwendig. Jede in diesem Sinne noch so kleine bewusste Korrektur fördert und verbessert die Durchlässigkeit und die Ökonomie im ganzen Körper!

Vom Atem her und mit dem Atem, also wenn wir tief innerlich und in langen Zügen einatmen und ausatmen, vermögen wir Menschen durch die „Ritzen" und Zwischenräume zu fast allen Teilen unseres Körpers differenziert vorzufühlen und Kontakt aufzunehmen. Dieses innere, tiefe Atmen macht uns bereit und gelöst und offen dafür, mit uns selbst in Berührung zu kommen; und zwar nicht nur mit uns selbst, sondern auch mit der Kraft der Erde und mit der Weite des kosmischen Universums und des Geistes. Ein ruhiger Atem sollte uns ohne willentliches Zutun ganz durchströmen. Mit geschlossenen Augen

Anleitungen
zu einer
ganzheitlichen
Baum- Meditation
und zu einem
durchströmten
Körperbewusstsein

gucken wir gewissermaßen zu, wie der Atem kommt und geht, ganz nach der Devise: „Nicht ich atme, sondern ES atmet mich."

Auch unsere Erde atmet, was physikalisch nachgewiesen wurde. Unser geruhsamer, langer Atem kann sich also mit dem Erdatem vernetzen und vereinigen, was natürlich erst im Laufe der Zeit sich einstellen kann.

Die Organe für die Atmung sind die Lunge mit dem Zwerchfell und – in beträchtlichem Ausmaß – auch die ganze Körperhaut. Im rhythmischen Resonanz-Verbund von Herz, Lunge und Haut atmet der Körper ein und aus, je ausgeprägter, umso besser. So kann durch das innere Zulassen des Atems bis in die Füße, bis in die Finger und bis in den Kopf hinein der Blutstrom dorthin gelangen und spürbar werden. Durch achtsames, inneres Hinspüren wird es möglich, auch das rhythmische Anschlagen der Blutwelle an die Knochenwände wahrzunehmen. Beim Frieren sollte man sich nicht eng zusammenkrampfen, sondern – innerlich weit und gelöst – sich von der Wärme aus Blut und Knochen durchströmen lassen.

Für die Kopfspürung speziell gilt das gleiche Prinzip. Dabei ist zu achten auf eine aus der Schulter heraus hochgerichtete, lotbewusste Einstellung der Halswirbelsäule mit dem Hinterhauptsloch. Vergleichbar der Gelenkfunktion eines Säulenkapitells wird ausgehend von dieser Schaltstelle zwischen Hals und Kopf indirekt der ganze Schädel mit Kopfhaut und Kopfinnerem angesprochen, entspannt und für die vitalen Ströme von Atem und Blut geöffnet – je nach Übungsstand mehr oder weniger. Die Augen könnten dabei miteinbezogen werden. Wir lassen sie in der inneren Vorstellung – muskulär ganz locker-gelöst – absinken in den Schädelhintergrund. Dieses ist schon eine erholsame Augengymnastik für sich, die auch gut im Bett liegend zu üben ist. Zusammengefasst: Den Herzschlag wie „Glockenläuten" durch alle Gefäße und Räume des Körpers durchtönen lassen!

Zum Abschluss noch einige allgemeine Hinweise

Dem ruhigen Sitzen in der Meditation sollten Sie anfangs etwa 15 Minuten Zeit widmen (Wecker stellen!) und dann je nach der eigenen Möglichkeit stufenweise auf 30 Minuten steigern. Das Beenden der meditativen, stillen Einkehr geschehe deutlich, etwa durch betontes, entschiedenes Aufstehen und Dehnen aller Gliedmaßen und/oder mehrmaliges kräftiges Ballen der Finger zur Faust, um wieder klar gegenwärtig zu werden im Hier und Jetzt. Oft stellt sich ein lösendes Gähnen ein. Während der Meditation geschieht innerlich viel. Lassen Sie aufkommende Tagesgedanken zu und verabschieden Sie sich dann auch wieder von ihnen. Immer wieder neu ansetzen, um auf das eigene Innere zu horchen und sich in einen entspannten und möglichst lotgerechten Zustand zu bringen. Dabei das Atemgeschehen in Einatem und Ausatem objektiv wahrnehmen, wie z. B. im Laufe der Zeit der Einatem ruhiger und tiefer wird und der Ausatem sich entsprechend erweitert.

Mit der Zeit kann sich auf einmal so etwas wie rhythmischer Einklang, Weite, Ganzheitlichkeit und Lebens-Tiefe einstellen. Jeder wird beim regelmäßigen Üben seine eigenen Erfahrungen und Übungsweisen herausfinden.

Für mich z. B. hat sich nach jahrelangem, täglichen Üben ergeben, den Ein- und Ausatem an der Wirbelsäule entlang spüren zu können: durch das Becken hindurch zur Erd-Lot-Tiefe in den Füßen und andererseits durch den Schultergürtel, Hals und Rachen hindurch bis in den Kopf hinein. Im ganzheitlichen Atmen erreichen Ein- und Ausatem gleichzeitig Füße und Kopf – wie ja auch im Baum ständig Wurzel und Krone verbunden sind. Tagsüber beim Sessel- oder Autositzen, wo die Fußsohlen keinen vollen Bodenkontakt haben, übernehmen neben dem Steißbein, als dem sensiblen „Ausläufer" der Wirbelsäule, vor allem die beiden Sitzhöcker der Beckenknochen die erforderliche Wurzelspürung hin zur Erde. Daraus ergibt sich dann ein bewussteres, atmungsoffeneres Sitzen wie auch auf all den anderen täglichen Sitzgelegenheiten.

Die nachstehenden Sätze möchten sich die Baum-Meditierenden wahlweise immer wieder einsagen – auch untertags immer mal wieder. Es sind je einzelne Vorschläge, die sich aus dem Vorausgegangenen ergeben haben und die variiert oder ganz geändert werden können.

– Verlass deinen Verstandes-Kopf und sei fühlend mit Atem und Blut ganz in dir, auch in deinen Füßen und Händen und in deinem Hinterhaupt!

93

Anleitungen
zu einer
ganzheitlichen
Baum-Meditation
und zu einem
durchströmten
Körperbewusstsein

– Ich bin ein von Leben und   (hierbei einatmen)
  Geist durchströmter Baum! (hierbei ausatmen)

– Ich bin ein Baum mit vielen Wurzeln und
  mit vielen Ästen!

– Locker im Lebensstrom
  Jesu Christi bleiben.

Lassen Sie ganz gelöst und mit Freude diese Atem- und Geist-Impulse in sich wirken, bis sie mehr und mehr zu Eigen werden im Schweigen, im schweigenden Da-Sein, wo Sie den warmen Strom des Lebens gewahren können.

Am Bild des Baumes möge einsichtig und innerlich lebendig geworden sein, dass ein pulsierender und strömender Rhythmus von Einatmen und Ausatmen, von Eindehnung und Ausdehnung, von winterlicher Enge und sommerlicher Weite ein körperlich und geistig wirkendes Lebensprinzip ist. Sich atmend in die Rhythmen der eigenen, inneren Natur einzulassen, gleicht einer meditativen Reise in die eigene Tiefe, wobei zugleich geistig eine weite, kosmische Gegenwart aufbricht. Diese Reise besteht darin, dass wir unser Selbst eine Zeitlang in seinen einsamen Tiefen und Höhen erleben. Unser Selbst gelangt zu einer Zwiesprache mit Erde und Himmel und mit den Mysterien der geistigen Welt. –
DIE ERDE UND DER HIMMEL UND DAS EWIGE SIND IMMER ZU HAUSE IN UNS.

Bei aller Beispielhaftigkeit und Sinnbildlichkeit des Baumes
und bei aller Einübung in körperliche Durchlässigkeit
ist es GNADE,
wenn die strömenden Kräfte des Wachstums,
der Lebendigkeit, der schöpferischen Vitalität
in uns erwachen.

94

Es liegt in der Natur des Menschen:
es soll etwas in ihm wachsen und reifen,
es soll Lebenskraft von ihm ausgehen!
Über ihm ist Gott wie der Himmel und wie das Licht der Sonne,
um und in ihm ist Geist Gottes
wie Wind und Weite, wie Herz und Atem, und
unter ihm ist Gott wie die Erde.
So kann der neue Mensch entstehen, der das Leben findet.

Wir Menschen sind ein Garten Gottes.
Jeder Mensch ist ein Garten Gottes –
und es gibt einen Gärtner,
der diesem Garten sein Leben geschenkt hat. (Joh 20,15)

Gott gibt uns die Augen und Sinne, die fähig sind,
das Wunder des Lebens zu schauen,
auf dass wir immer wieder täglich neu
dieses Wunder des Lebens in uns erfahren,
indem wir ihm dienen.

Reifwerden im Sinne des Baumwerdens:
Um zu einem l e b e n d i g e n   B a u m zu werden,
bedarf es ständiger, sensibler Arbeit = agricultura an mir selbst,
– es lohnt sich – bis ich sagen kann mit dem Psalm 73:
„Hineingenommen hast Du mich in Dein Geheimnis."

ANHANG

Die schöne Buche

Ganz verborgen im Wald kenn ich ein Plätzchen, da stehet
Eine Buche, man sieht schöner im Bilde sie nicht.
Rein und glatt, in gediegenem Wuchs erhebt sie sich einzeln,
Keiner der Nachbarn rührt ihr an den seidenen Schmuck.
Rings, soweit sein Gezweig der stattliche Baum ausbreitet,
Grünet der Rasen, das Aug still zu erquicken, umher;
Gleich nach allen Seiten umzirkt er den Stamm in der Mitte;
Kunstlos schuf die Natur selbst dies liebliche Rund.
Zartes Gebüsch umkränzet es erst; hochstämmige Bäume,
Folgend in dichtem Gedräng, wehren dem himmlischen Blau.
Neben der dunkleren Fülle des Eichbaums wieget die Birke
Ihr jungfräuliches Haupt schüchtern im goldenen Licht.
Nur wo, verdeckt vom Felsen, der Fußsteig jäh sich hinabschlingt,
Lässet die Hellung mich ahnen das offene Feld.

Als ich unlängst einsam, von neuen Gestalten des Sommers
Ab dem Pfade gelockt, dort im Gebüsch mich verlor,
Führt ein freundlicher Geist, des Hains auflauschende Gottheit,
Hier mich zum erstenmal, plötzlich, den Staunenden ein.
Welch Entzücken! Es war um die hohe Stunde des Mittags,
Lautlos alles, es schwieg selber der Vogel im Laub.
Und ich zauderte noch, auf den zierlichen Teppich zu treten;
Festlich empfing er den Fuß, leise beschritt ich ihn nur.
Jetzo, gelehnt an den Stamm (er trägt sein breites Gewölbe
Nicht zu hoch), ließ ich rundum die Augen ergehn,
Wo den beschatteten Kreis die feurig strahlende Sonne,
Fast gleich messend umher, säumte mit blendendem Rand.
Aber ich stand und rührte mich nicht; dämonischer Stille,
Unergründlicher Ruh lauschte mein innerer Sinn.
Eingeschlossen mit dir in diesem sonnigen Zauber-
Gürtel, o Einsamkeit, fühlt ich und dachte nur dich!

Eduard Mörike

Magnolie des Herbstes

Ich fand mein Herz am hohen Morgen starr
Von einem Tone, den es nicht ertrug,
Ausblicken Straßen abwärts gegen Staub.
Mit Augen quellend von verfangenem Blut
Suchte mein Herz, und fand da keinen Baum,
Noch irgend Trost, nur Stein und eine Stadt.

Ich ward es inn und sagte: „Dieser Stadt
Glaubst Du zu blindlings, aber sie ist starr,
Wie Luftspuk über Wüsten; keinen Baum
Ernährt der gottlos aufgetürmte Trug:
Sieh, wie gespenstisch ohne Wucht und Blut
Sich das gebärdet, Schemen über Staub.

Oktober heult, und schleppt den kalten Staub
Rückwärts und vorwärts durch die wüste Stadt.
Heb ihm Verewigung aus deinem Blut
Entgegen und die Greuel werden starr:
Bist du zu Haus, wohin dein Fuß Dich trug?
Geh in dich, und du blickst in deinen Baum –"

Mein Herz ging in sich bis vor jenen Baum,
In dessen Haus kein Fuß gemeinern Staub
Als goldnen seiner tausend Becher trug,
Und stand vernichtet: an der Blüte statt,
Wie wir sie kannten, weste schwach und starr
Und starb, einsam, an Fraß und schlechtem Blut,

Halb Knopf halb Kelch, was als die zweite Bluht
Todkrank aufbrach im stummgewordenen Baum –
Der war nicht heiliger Starrheit, sondern starr
Wie ein Verpesteter im Straßenstaub,
Der, nachts entflohn aus der verheerten Stadt,
Bis hier den Tod und seine Beule trug.

Mein Herz ward in mir fest und sagte: „Trug?
Auch dies? O, wohl. Es ist in meinem Blut,
Was ewig glauben muss an diese Stadt.

Es ist so elend, flüchten. Sieh den Baum.
Besser, mich packt Oktober wie den Staub.
Es ist so elend, lügen. Besser starr."

Ich pflanzte einen Baum, der mir nicht trug.
Der Stock ist starr. Ich baute eine Stadt.
Sie fiel. Der Staub ist durch und durch voll Blut.

Rudolf Borchardt

Auferstehung

Manchmal stehen wir auf
Stehen wir zur Auferstehung auf
Mitten am Tage
Mit unserem lebendigen Haar
Mit unserer atmenden Haut.

Nur das Gewohnte ist um uns,
Keine Fata Morgana von Palmen
Mit weidenden Löwen
Und sanften Wölfen.

Die Weckuhren hören nicht auf zu ticken
Ihre Leuchtzeiger löschen nicht aus.

Und dennoch leicht
Und dennoch unverwundbar
Geordnet in geheimnisvolle Ordnung
Vorweggenommen in ein Haus aus Licht.

Marie-Luise Kaschnitz

Ziehende Landschaft

Man muß weggehen können
und doch sein wie ein Baum:
als bliebe die Wurzel im Boden,
als zöge die Landschaft und wir ständen fest.
Man muß den Atem anhalten,
bis der Wind nachläßt
und die fremde Luft um uns zu kreisen beginnt,
bis das Spiel von Licht und Schatten,
von Grün und Blau,
die alten Muster zeigt
und wir zuhause sind,
wo es auch sei,
und niedersitzen können und uns anlehnen,
als sei es an das Grab
unserer Mutter.

Hilde Domin
„Nur eine Rose als Stütze", S. 9

LITERATURVERZEICHNIS

Alexander, Gerda: Eutonie, Ein Weg der körperlichen Selbsterfahrung, Kösel, München 1976.

Berendt, Joachim Ernst: Es gibt keinen Weg nur gehen, Zweitausendeins, 2001, Frankfurt a. M, 2001.

Biser, Eugen: Gut für uns. Predigten, Patmos-Verlag, Düsseldorf 1997.

Boff, Leonardo: Die Botschaft des Regenbogens, Patmos-Verlag, Düsseldorf 2002.

Buber, Martin: Ich und Du, Reclam, Stuttgart Nr. 9342, 1983.

Cramer, Friedrich: Der Zeitbaum. Grundlegung einer allgemeinen Zeittheorie, Insel TB 1849, 1996.

Domin, Hilde: Nur eine Rose als Stütze, S. Fischer, 1959.
Der Baum blüht trotzdem, S. Fischer, 1999.
Ziehende Landschaft. Aus: Gesammelte Gedichte,
S. Fischer, Frankfurt/M., 1987.

Gebser, Jean: Ursprung und Gegenwart, dtv 894, 1973.

Guardini, Romano: Der Gegensatz. Versuche zu einer Philosophie des Lebendig-Konkreten, Matthias Grünewald Verlag, 1925.

Höhler, Gertrud: Die Bäume des Lebens. Baumsymbole in den Kulturen der Menschheit, DVA, Stuttgart 1985.

Kaschnitz, Marie Luise: Überallnie. Ausgewählte Gedichte 1928-1965, © 1965 Claassen Verlag, jetzt München.

Keel, Otmar: Die Welt der altorientalischen Bildsymbolik und das Alte Testament, Benziger, 1972.

Kessler, Herbert: Das offenbare Geheimnis. Das Symbol als Wegweiser in das Unerforschliche und als angewandte Urkraft für die Lebensgestaltung, Aurum-Verlag, Freiburg 1988.

Marcus, Hildegard: Spiritualität und Körper. Gestaltfinden durch Ursymbole, St. Benno-Verlag, Leipzig 2000.

Montalcini, Rita Levi: Ich bin ein Baum mit vielen Ästen – Das Alter als Chance, Pieper Serie 3234, 2001.

Rosenberg, Alfons: Kreuzmeditation. Die Meditation des ganzen Menschen, Kösel-Verlag, München 1976.

Rosenberg, Alfons: Ursymbole und ihre Wandlung. Einführung in das Symbol-Verständnis, Herder, Freiburg 1992.

Scholem, Gershom: Von der mystischen Gestalt der Gottheit, Studien zu Grundbegriffen der Kabbala, Suhrkamp TB Wissenschaft 209, 1977.

Schweizer, Harald, (Hg): Bäume braucht man doch! Das Symbol des Baumes zwischen Hoffnung und Zerstörung, Jan Thorbecke Verlag, Sigmaringen 1986.

Strauß, Botho: Der Aufstand gegen die sekundäre Welt, Edition Akzente, Hanser Verlag, 1999.

Zenger, Erich: Am Fuß des Sinai. Gottesbilder des Ersten Testaments, Patmos, Düsseldorf 1993.

BILDNACHWEIS

S. 20   Krypta der Michaelskirche in Cuxa, aus „Einführung in die Welt der Symbole, Zodiaque, Echter-Verlag 1990, Abb. 165.

S. 21   Malerei aus der Grabkammer Thutmosis III., Theben, aus Othmar Keel, Die Welt der altorientalischen Bildsymbolik und das Alte Testament, Benziger Verlag 1979, S. 165, Abb. 253 und 254. © Patmos Verlag GmbH & Co KG, Düsseldorf.

S. 36   Ein Baumstamm als Kunstobjekt, Foto von H. Marcus.

S. 46   Menora, Verlagsarchiv.

S. 49 u. S. 67
        Apsis-Mosaik der Kirche San Clemente in Rom, aus Collegio San Clemente, Roma, Servicio Fotografico M. Gerardi, 1980.

S. 56   Die Moschee von Cordoba, aus Ganz Cordoba editorial escudo de oro, Barcelona.

S. 57   Johannes und der Engel, Beatus-Handschrift, folio 70 v, Schatzkammer der Kathedrale von Gerona aus Zodiaque, Echter-Verlag 1990, Abb. 121.

S. 58   Die Palme der Jakobiner, Jakobinerkirche, Toulouse.

S. 59   Steinkreise von Stonehenge, Prehistoric Stone Circles von Aubrey Burl, Great Britain, 1988.

S. 61   Michaelskapelle Fulda, Erich Gutberlet, Großenlüder.

S. 64   Kapitell von Estany, Einzug Jesu in Jerusalem, aus Diether Rudloff, Romanisches Katalonien, Verlag Urachhaus, Stuttgart 1980.

S. 65   Kreuzgang der Kathedrale von Le Puy, aus Zodiaque, Echter-Verlag 1990, Abb. 56.

S. 70   Kanzleramt.

S. 71   Kanzleramt.

S. 72 u. S. 113 (Tafel 5)
        Sefiroth-Baum, aus Karl A. Francis, Heilweg der Kabbala, Hermann Bauer Verlag, Freiburg, 1987, S. 132.

S. 109 (Tafel 1)

Weißenauer Heilsspiegel, Speculum humanae salvationis, 1. Hälfte des 14. Jh. Der Stammbaum Jesu mit seinen Natur- und Geist-Wurzeln, Benediktinerstift, Kremsmünster.

S. 110 (Tafel 2)

Chagall, Marc: Moses vor dem brennenden Dornbusch, © VG Bild-Kunst, Bonn 2003. Agence Photographique de la Réunion des Musées nationaux, Paris – Gérard Blot.

S. 111 (Tafel 3)

Zachäus, aus Reichenauer Evangelistar Codex 78 A2, Akademie Druck- und Verlagsanstalt, Graz, „Glanzlichter der Buchkunst", Bd. 5, 1995. Staatliche Museen zu Berlin, Kupferstichkabinett; Foto: Jörg P. Anders/bpk.

S. 112 u. 114 (Tafel 4 u. 6)

Kreuzigungsbild aus dem Isenheimer Altar von Matthias Grünewald, Colmar, Unterlinden-Museum, 1512-15 n. Chr.

Wir haben uns bemüht, alle Inhaber von Bild- und Textrechten in Erfahrung zu bringen. Für zusätzliche Hinweise sind wir dankbar.

Nachtrag: Zwei Exkurse für Experten

Diese Exkurse weisen wie Richtstrahlen über das hier Vorgestellte hinaus, und, weil beide jeweils besondere Kenntnisse oder Interessen voraussetzen, stehen sie gesondert als Nachtrag.

I TOD UND AUFERSTEHUNG IM ÄGYPTISCHEN MYTHOS / DER DJEDPFEILER DES OSIRIS ALS LEBENSBAUMSYMBOL

In der mythischen Welt der alten Ägypter erscheint die Göttin NUT auch als kosmische Muttergöttin und als Baumgöttin. Nut ist für die Ägypter die große, verschleierte, jungfräulich-geheimnisvolle Himmelsgöttin. Am Abend verschlingt sie den blutroten, lebenspendenden Sonnenball, um ihn nach der Nachtfahrt durch ihren Leib am anderen Morgen wieder aus ihrem Uterus heraus neu zu gebären. Tod und Wiedergeburt erscheinen als tägliches, kosmisches Schauspiel.

Über solche Symbolisierungen wird das Sein greifbarer.

In den Schicksalsfragen des Menschen um Leben und Tod, um Geburt-Tod und Wiedergeburt stehen sich im antiken Ägypten zunächst zwei Todesbilder als kontrastierende oder alternative Lösungen gegenüber: „Der Tod als Feind des Lebens" und „Der Tod als Heimkehr in den göttlichen Mutterschoß". Diese beiden Bilder entfalten eine komplementäre Verbindung. Indem sie sich ergänzen und gegenseitig beleuchten, gelangt das Problem des Todes zu einer kulturschöpferischen Bedeutung. Dieses Todesbild der ägyptischen Mythologie wird uns überliefert und erläutert durch viele erhaltene Abbildungen teils aus Totengräbern, teils aus dem ägyptischen Totenbuch. Ihm zugrunde liegt der Mythos um die Göttertrias Osiris, Isis und Horus. Die Göttin Nut galt als die Mutter des Osiris, als seine Lebensspenderin.

Entsprechend wurde, so glaubte man, jeder Tote, nachdem er das To-
tengericht überstanden hatte, zu Osiris, um als solcher in den Mutterschoß der Himmelsgöttin einzugehen. Dieser Vorstellung entspricht, dass
ein ägyptischer Sarg innen bemalt und ausgeschmückt war mit dem Bild
der lebensgroßen Himmelsgöttin Nut, umgeben von Sonne und Sternen.

Osiris im Schoß der Muttergöttin, das war in Ägypten der Inbegriff
des Geheimnisvollen, Entzogenen, Erhabenen. „Der Tod als Geheimnis", dieser dritte Todesaspekt, tritt im Osiris-Mythos besonders hervor. Der Tod ist das Umfassende, in dessen Umarmung sich alles
Leben auflöst, um als erneuertes, gesammeltes Leben wieder aus ihm
hervorzugehen. (vgl. Jan Assmann, S. 44-47)

Für dieses Wiederaufleben gibt es in Ägypten ein spezielles, sym-
bolisches Bild: das Wiederaufrichten des Osiris-Zeichens, nämlich des
Djedpfeilers, der Djed-Säule, des *Djed-Lebensbaumes!*

Die kultische Feier seiner Wiederaufrichtung verkörperte das Wiederaufleben des in 42 Glieder auseinandergerissenen Körpers des Osiris. Ägypten hatte damals 42 Gaue. So bildete der Körper des Osiris
im Ritual der Glieder-Wiedervereinigung die Vielheit und die politi-
sche Einheit des Landes Ägypten ab und zugleich auch die Wiedergeburt (engl. re-membering; lat. re-collectio!) des einzelnen Toten.

Die Wiederaufrichtung, das Wieder-Er-stehen des Djedpfeilers kann
als eine mythische Vorschattung der geschichtlichen und doch zutiefst
geheimnisvollen Auferstehung Christi angesehen werden. Auch im
Neuen Testament wird die Kirche geheimnisvoll als mystischer Leib
Christi vorgestellt (1 Kor 12), also als eine geistig-lebendige Einheit von
vielen Gliedern.

Hierzu gibt es verschiedene Auffassungen. Jan Assmann, der bekannte Ägyptologe, sieht im Osiris-Mythos den „stärksten Gegensatz
zum biblischen Gottesbild" (s. S. 44-47). Der Jesuit Hugo Rahner wie
auch der ausgewiesene Symbol- und Mythoskundler Alfons Rosenberg
(1901-1985) sehen in den vorchristlichen Götterbildern und ihren
Mythen eine Vorausbildung, eine Vorschattung von christlichen Glau-
bensinhalten. Schon der Titel von Hugo Rahners Buch „Griechische
Mythen in christlicher Deutung" weist darauf hin.

In seinem Brief an die Hebräer klärt Paulus darüber auf, dass in der
Person Jesu und in seinem Neuen Bund die vorhergehenden Jahrtau-
sende zu ihrer Erfüllung gelangen (Hebr 6,20; 7,24.28; 8,5-10, auch
Ps 110,4).

Ein solches integratives Geschichtsverständnis lässt die altägyptischen Mythen und ihre Baumgottheiten fruchtbar werden auch für unser Thema „Baum und Mensch".

Der Rückblick auf jene frühe Kultur vermag zu einem gegenseitig befruchtenden Verstehen zu verhelfen und kultur- und religionsgeschichtliche Zusammenhänge zu verdeutlichen. Es geht hier nicht um Ab- oder Ausgrenzungen, sondern um Integration, um Lebensentwicklungen und Wandlungen, auch im Anschluss an Jean Gebsers Buch „Ursprung und Gegenwart". Die Entwicklung geht vom Anfänglich-Kompakten zu Immer-Differenzierterem (Eric Voegelin).

Baum und Mensch, Natur- und Menschengeschick gründen im allesverbindenden Mysterium göttlicher Weltschöpfung, geschichtlicher Dramatik und zeitlos-endzeitlicher, sieghafter Errettung und Erfüllung.

„Der Tod wird nicht mehr sein." (Apk 21,4)

„Ich bin gekommen, um die Welt zu retten." (vgl. Joh 12,48)

Auch die Schönheit und das „Gold" der Herbstwälder kann unserem inneren Auge als eine Vorverkündigung erscheinen von der Vollendung von Zeit und Raum und von der hoch-zeitlichen Vereinigung von „Himmel und Erde" im lebendigen Gott, in der Schönheit und Tiefe einer liebenden Gottheit.

Literatur

Assmann, Jan: Der Tod als Thema der Kulturtheorie, Ed. Suhrkamp 2000, Sv 2157.

Gebser, Jean: Ursprung und Gegenwart, dtv 894, 1973.

Keel, Othmar: Die Welt der altorientalischen Bildsymbolik und das Alte Testament, Benziger Verlag 1972, 1980.

Rahner, Hugo: Griechische Mythen in christlicher Deutung, Herder, Basel 1984.

Voegelin, Eric: Ordnung und Geschichte, Wilhelm Fink-Verlag, Frankfurt 2002.

II Das „Herzensgebet" als universale, körperlich-geistige Lebensdurchströmung

Zwei Exkurse für Experten

Das sogenannte Herzensgebet war bisher bekannt als mystische Gebetsform der mönchisch geprägten, russisch-orthodoxen Frömmigkeit. Neuerlich aber wird es auch in der westeuropäischen Christenheit entdeckt als das Meditieren des Herzens und seiner Atem- und Blutrhythmen aus einer konzentrierten, körperlichen Achtsamkeit heraus.

Der Vollzug des Herzens- oder Namen-Jesu-Gebetes besteht darin, Jesus als „das Herz der Welt" (Teilhard de Chardin) im eigenen Inneren anzurufen mit den ehrwürdigen Worten: „Jesus Christus, erbarme dich (unser)", oder griech.: „Kyrie, eleison (hemas)".

Dabei bewegen sich diese Worte schlicht und unentwegt im Herzen des Betenden, und zwar im Einklang mit den Atem- und Herzrhythmen, entsprechend dem bekanntesten Mantra Indiens OM, in dem „alles" enthalten ist, der Atem, die Befreiung, die Gottheit. Das Geheimnis ist die fortwährende Anbindung (re-ligio) des Geistes an Gott mit jedem Atemzug.

Das Herz wird zum Zentrum einer Meditation für und durch das tägliche Leben, und zwar im sensiblen Vollziehen und Wahrnehmen, dass und wie äußere und innere Wirklichkeiten miteinander strömen. Dieses ist der heilende Impuls in seiner stärksten Kraft.

Dem westlich-modernen Vollzug des Herzensgebetes entspricht eine weltoffene Geistigkeit, die sowohl eine bewusste, durchlässige Leiblichkeit, als auch eine kosmisch-weite Weltverantwortung integriert und intendiert. Die achtsam-meditativ geübte Integration von Körper, Seele/Geist und Kosmos führt zu einem erweiterten Bewusstsein, zu einer souveräneren Gelassenheit und zu einer wohligen Entspannung.

Aus der Beschäftigung mit der Baumsymbolik lassen sich zwei Voraussetzungen in besonderer Weise verständlich machen:

1. eine muskulär-gelöste Weite und Sensibilität im Herz-Lungen-Brustbereich und

2. eine über längere Zeit erworbene Achtsamkeit für das Strömen des Atems und des Blutes im ganzen Körper vom Kopf bis zu den Füßen und „zwischen Himmel und Erde".

(Beides kann z. B. durch „Eutonie" und eutonische Körpermeditationen erlernt werden. R. Maschwitz gibt dazu in seinem Buch ausführliche eutonische Übungsanleitungen.)

Die Vorstellung bahnt sich ihren Weg

Diese natur- und geist-umfassende, herzbetende Tiefen-Meditation wird zunehmend aufgesucht und erfahren als heilsames Gegengewicht zum unstet-schweifenden, oberflächlichen Zeitgeist, gemäß dem weisenden Wort aus den „Erzählungen des russischen Pilgers" (a. a. O. S. 131): „um sich geistig zu erleuchten und zu einem ‚befreiten' (Zus. d. Verf.), aufmerksamen inneren Menschen zu werden."

Literatur

Alexander, Gerda: Eutonie, Ein Weg der körperlichen Selbsterfahrung, Kösel, München 1976.

Jungclausen, Emanuel: Aufrichtige Erzählungen eines russischen Pilgers, Herder, Freiburg 1974.

Jungclausen, Emanuel: Das Jesusgebet, Friedrich Pustet-Verlag, Regensburg 1989.

Marcus, Hildegard: Spiritualität und Körper, St. Benno-Verlag, Leipzig 2000 (S.192-195).

Maschwitz, Rüdiger: Das Herzensgebet, Kösel-Verlag 1999.

Reichle, Verena: Grundgedanken des Buddhismus, Fischer TB 12146, 1995.

Rosenberg, Alfons: Meditationsmethoden in Ost und West, S. 79-142, in R. Bleistein, H. G. Lubkoll und R. Pfützner: Türen nach innen. Wege zur Meditation, Verlag für Gemeindepädagogik, München 1974, 1981.

Weißenauer Heilsspiegel,
Speculum humanae salvationis, 1. Hälfte des 14. Jh.
Der Stammbaum Jesu mit seinen Natur- und Geist-Wurzeln

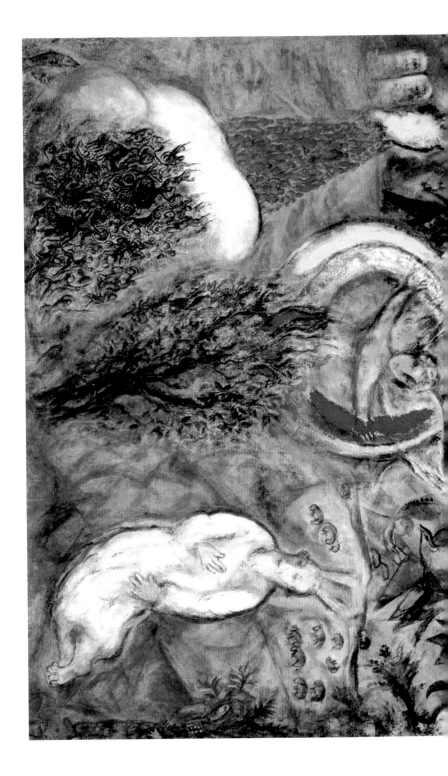

Moses vor dem brennenden Dornbusch, Marc Chagall

Tafel 2

Miniatur „Zachäus, der Oberzöllner" (Lk 19,1-10)
aus dem Reichenauer Evangelistar, Codex 78 A2, 11. Jh.

Kreuzigungsbild aus dem Isenheimer Altar von Matthias Grünewald,
Colmar, Unterlinden-Museum, 1512-15 n. Chr.

Tafel 4

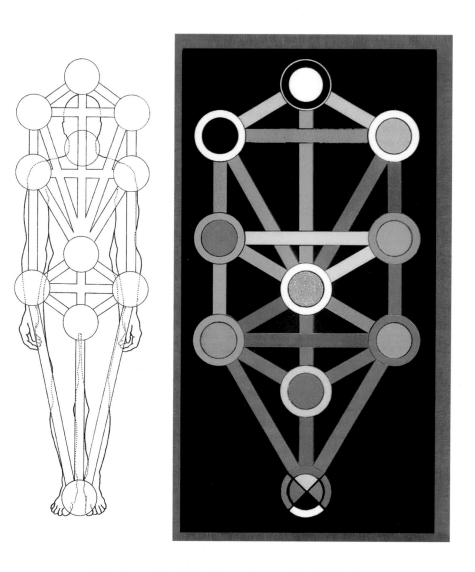

Die baumähnliche Anordnung der Sefiroth
und ihre Übertragung auf den menschlichen Körper

Der Isenheimer Altar von Matthias Grünewald
(Ausschnitt), Colmar